E. BÉDAOUI

Le dernier Pèlerinage

DE

“L’ÉTOILE”

en Terre Sainte

PARIS

MAISON DE LA BONNE PRESSE

5, rue Bayard, 5

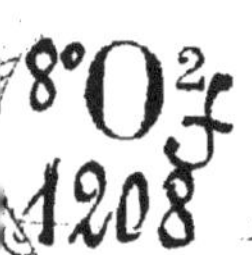

E. BÉDAOUI

Le dernier Pèlerinage

DE

"L'ÉTOILE"

en Terre Sainte

PARIS

5, RUE BAYARD, 5

I. — DE MARSEILLE A RHODES

Le plus beau pèlerinage.

Il est de tradition que le dernier pèlerinage est le plus beau, le plus sanctifiant, le plus béni. Depuis l'origine, tous les témoignages concordent sur ce point. Cette marche vers la perfection ne s'est jamais démentie, et c'est tout simple: cela doit être.

Or, avec des pèlerins de Jérusalem, ce qui doit être est.

Le programme promet un beau voyage agrémenté de pénitence; des émotions religieuses profondes aux Lieux Saints, par une sorte de contact quasi matériel avec le Christ, avec le divin; la reviviscence de l'Evangile remis en scène pour ainsi dire sur le théâtre même qui fut témoin de tout ce que racontent les pages sacrées. Voilà ce que promet le programme, et le programme tient parole. Aussi, pendant quarante jours, le pèlerin vit dans une atmosphère de piété, de surnaturel, qui l'enchante, et lorsque, au retour, il retombe dans les soucis quotidiens et dans les banalités de la vie, c'est comme s'il tombait du ciel, et il se dit: « Que c'était beau! » Il a découvert un mode d'existence délicieux dont les souvenirs sont impérissables, et, semblable à tout homme qui fait une découverte, il n'imagine pas que d'autres aient éprouvé déjà les mêmes sentiments et les mêmes émotions: d'où la persuasion que le dernier pèlerinage est certainement le plus beau de tous.

Sans doute, et il faut bien l'avouer, l'organisation admirable des Pèlerinages de Pénitence ne contribue pas peu à cette satisfaction. On a profité de l'expérience; on n'organise pas quarante-six fois des pèlerinages en Palestine sans rien apprendre et sans rien améliorer. Entre le pèlerinage de 1882 qui, renversant les obstacles, marche comme à une conquête, et celui de 1913 qui trouve tout aplani, la différence est grande. Les derniers venus bénéficient des peines endurées par les devanciers. Le bénéfice — je ne sais si c'est un mérite — consiste surtout dans la suppression de la pénitence; il en reste juste assez pour ne pas trop faire mentir le titre. En général, les pèlerins ne réclament pas. Peut-être même trouvent-ils que c'est mieux ainsi. En tous cas, ils déclarent triomphalement que le dernier pèlerinage est le plus beau.

Phot. H. Guerlin.

AVANT LE DÉPART DE MARSEILLE
Petit groupe de pèlerins
descendant de Notre-Dame de la Garde.

Il est juste d'ajouter que le pèlerin a une psychologie à part; il est d'une essence spéciale qui le classe parmi les meilleurs et les plus rares spécimens de l'humanité. Le pèlerin n'est pas un touriste vulgaire, difficile, et grognon, se plaignant de tout, incommodant ses voisins pour se mettre à l'aise, murmurant contre les imprévus, les intempéries, les incidents fâcheux, se renfrognant contre la route qui poudroie et le soleil qui flamboie. Non, il est, au contraire, de bonne composition, se gêne volontiers, voit les choses par le bon côté, prend le temps comme il vient et les gens comme ils sont. Le ciel l'occupe plus que la terre et son âme plus que son corps. Voilà qui est rare; mais, avec des dispositions pareilles, on vit heureux et à peu de frais,

Phot. F. Cuzin.

LE DÉPART DE MARSEILLE
Les adieux de ceux qui restent sur la jetée.....

car on est l'artisan de son propre bonheur. Or, rien n'apprend cette suave et sainte philosophie comme un pèlerinage de pénitence à Jérusalem. Aussi le pèlerin en revient toujours superlativement content, même s'il a eu à souffrir. On devrait conseiller le pèlerinage de Jérusalem aux hypocondriaques, ils ne résisteraient pas à cette école de bonne humeur, et ils seraient les plus ardents à proclamer que leur pèlerinage a été le plus beau.

Quelques esprits chagrins diront peut-être que cette opinion avantageuse sur le pèlerinage qu'on vient d'accomplir est tout simplement une forme de complaisance personnelle : « J'y étais, donc nul autre ne l'égale. » Il se peut; mais ne nous égarons pas dans les subtilités psychologiques et contentons-nous d'enregistrer le quarante-sixième témoignage d'une tradition constante, témoignage unanime selon lequel, fidèle à une loi de progression non interrompue, le XLVIe Pèlerinage de Pénitence a été le plus beau de tous.

Ce qu'on voit en route.

Nous n'avons pas l'intention d'insister sur les émotions, les impressions pieuses, le saisissement profond de l'âme visitant Jérusalem, Bethléem, Nazareth, le lac de Tibériade, le Jourdain, la Samarie, etc., c'est ineffable. Et, d'ailleurs, que dire de neuf après tant de récits et de comptes rendus?

Nous ne décrirons pas non plus le voyage tant de fois raconté : c'est une merveille. Aller aux Lieux Saints en faisant le tour de la Méditerranée est un enchantement, surtout quand la direction du pèlerinage, disposant d'un bateau frété dont elle peut régler l'itinéraire, a la coquetterie de longer les côtes les plus pittoresques et de montrer aux pèlerins les lieux les plus célèbres, soit par la beauté du site, soit par les souvenirs de l'histoire et de la légende. Depuis trente ans, cet enchantement se renouvelle deux fois chaque année. Quel qu'en soit l'attrait toujours puissant, la description en serait banale tant elle est connue. Il nous suffira donc de rappeler sommairement l'itinéraire en nous arrêtant aux quelques incidents particuliers qui ont caractérisé notre dernière expédition.

Bonifacio.

C'est ainsi que le XLVIe Pèlerinage a pu admirer la ville de Bonifacio, fièrement campée sur sa falaise blanche et sinueuse, défiant les flots qui en rongent perpétuellement la base et sont parvenus à creuser un fantastique tunnel sous le cap du Monpertuis (montagne percée).

Un peu plus loin, ce sont les *Bouches de Bonifacio*, passage redouté par mauvais temps, où, en 1855, vint se briser sur l'écueil de Lavezzi, la frégate la *Sémillante* qui transportait 750 soldats en Crimée. Ils périrent tous, et leurs cadavres, rejetés par la mer, furent recueillis et inhumés sur la plage. Les pèlerins ne manquent pas de

Phot. V. B.

LES BOUCHES DE BONIFACIO
Le phare ou sémaphore et l'endroit où périt la *Sémillante*.

réciter un *De Profundis* en passant devant ce cimetière.

Puis ce sont les côtes arides de la Sardaigne dont on s'éloigne peu à peu, en laissant sur sa droite Caprera, où Garibaldi fut envoyé hypocritement en pénitence, et la Maddalena, où les Italiens maintiennent une escadre pour surveiller le détroit.

Nous avons même eu l'avantage d'assister à un exercice de tir qu'un croiseur italien faisait au large de la passe, et de constater que l'énorme cible ramenée par un remorqueur était intacte. Je crois même que certains pèlerins ont soupçonné une entente entre la direction et l'amirauté italienne pour les faire jouir gratis d'un spectacle inusité.

Le Stromboli.

Un spectacle plus merveilleux encore — et celui-là vraiment préparé — fut celui du Stromboli, ce volcan toujours en activité, qui émerge comme un pain de sucre du sein de la Méditerranée. On nous mena sous le cratère même du volcan, qui eut l'aimable attention de déployer comme un vaste parasol au-dessus de l'île, plusieurs gigantesques panaches de fumée et de vapeurs incandescentes. Jadis, un ermite établi dans ce terrible voisinage, entendit, au milieu des grondements souterrains, des voix qui se lamentaient et qui entremêlaient leurs gémissements de paroles de reconnaissance pour le saint abbé de Cluny, Odilon, à cause des prières instituées par lui dans son abbaye en faveur des âmes du Purgatoire. Il raconta ces faits à un pèlerin de Jérusalem qui, au retour de Palestine, s'était arrêté dans cette île, et il lui demanda :

— Qui est cet Odilon? Le connaissez-vous?

Justement le pèlerin le connaissait, étant des environs de Cluny, et, revenu au pays, il n'eut rien de plus pressé que de raconter au saint abbé ce qu'il avait appris. Odilon, grandement consolé et encouragé dans sa dévotion en faveur des âmes du Purgatoire, institua au lendemain de la Toussaint, 2 novembre, la commémoraison des fidèles trépassés, qui devint bientôt universelle. Depuis lors on regarde le cratère du Stromboli comme une entrée du purgatoire. Les pèlerins ne manquèrent pas de méditer sur cette porte du redoutable cachot où ils auront probablement à gémir un jour, et, en attendant que de pieux suffrages les aident plus tard à en sortir, ils récitèrent quelques ferventes prières pour ceux qui s'y trouvent présentement.

Phot. Faucon.

LE STROMBOLI
Il se prépare à lancer sa fumée.

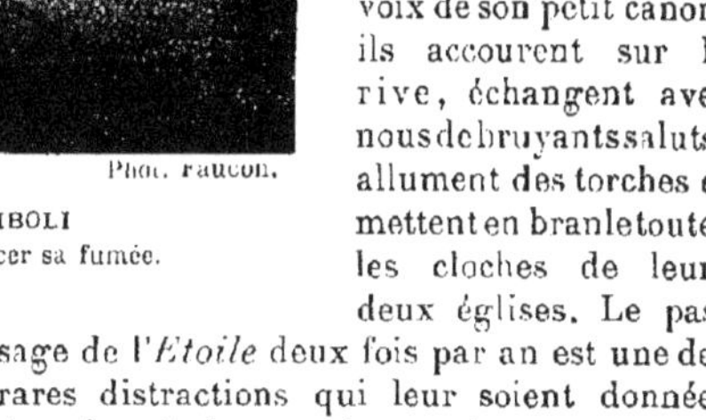

Le commandant de l'*Etoile* nous fit contourner l'île jusque devant le village de Stromboli, où on connaît bien les pèlerins de la Pénitence, qui y descendirent un jour pour y planter une croix de Jérusalem. La nuit venait, et ces braves gens, qui vivent paisibles au pied de leur volcan, en cultivant leur modeste avoir, étaient rentrés des champs. Apercevant l'*Etoile*, qui du reste menait grand fracas avec sa sirène appuyée de la grosse voix de son petit canon, ils accourent sur la rive, échangent avec nous de bruyants saluts, allument des torches et mettent en branle toutes les cloches de leurs deux églises. Le passage de l'*Etoile* deux fois par an est une des rares distractions qui leur soient données dans leur isolement du monde.

Corinthe.

Le détroit de Messine, à l'aller, ne nous offrit que le spectacle de ses feux, car nous y passâmes de nuit, mais quelle vision ravissante! A bâbord et à tribord, c'était une illumination sans fin dont le papillotement scintillait dans le miroir des eaux. Plusieurs s'attardèrent jusqu'à 1 heure du matin pour n'en rien perdre.

C'était une façon de nous consoler de nos ténèbres, car depuis Marseille nous étions plongés, la nuit, dans l'obscurité. La lumière électrique nous fit défaut dès le premier soir, et les plus savants efforts de nos mécaniciens

DANS LE GOLFE DE CORINTHE
L'ancienne Lépante; dans l'enceinte du château on aperçoit les tentes des prisonniers turcs.

n'arrivèrent pas à nous la rendre. On ramassa tous les bouts de chandelle qu'on put trouver, on les planta dans des goulots de bouteille, et grâce à ces candélabres primitifs qui ornaient les tables et les lieux de passage, on put dîner le soir en distinguant suffisamment son assiette de celle du voisin, et se diriger dans les coursives sans trop de tâtonnements. Cet éclairage de fortune fut notre seule ressource jusqu'au Pirée. Les pèlerins furent admirables de résignation et même de bonne humeur en face de ce désagrément.

Après Messine, c'est l'immensité des flots. C'est aussi l'apparition du mal de mer. Le bateau danse à peine pourtant, mais plusieurs croiraient manquer aux convenances si, en face de ces balancements inaccoutumés, ils ne prenaient une attitude lamentable. D'autres, au contraire, font les braves, dissimulent leur malaise, se penchent discrètement sur les bastingages, regardant la vague avec insistance, on ne sait pourquoi, mais sans vouloir convenir qu'ils soient incommodés. Ils considèrent le mal de mer comme la dernière des humiliations et s'en défendent comme d'une honte suprême. Il y a des choses qu'on n'avoue jamais. Pour certains, le mal de mer est une de ces choses-là.

Le Père directeur, à la conférence — il y en avait une tous les jours, — nous annonça une bonne nouvelle : on avait changé de route et, au lieu d'aller droit sur le cap Matapan pour atteindre l'escale du Pirée, nous voguions plus au Nord, vers le golfe de Corinthe, dont nous franchirions le canal, et il nous promettait, outre une mer calme à l'abri des terres, une navigation fort intéressante par les pays célèbres que nous visiterions : Ithaque, Patras, Lépante, Corinthe, Delphes, le mont Parnasse, l'Hélicon et, passé le canal, le golfe d'Egine et la baie de Salamine, pour aboutir au Pirée avec quelques heures d'avance.

Voilà un programme inattendu dont le seul exposé donne du cœur aux plus abattus.

C'est une grande partie de l'antiquité profane et sacrée qui va se dérouler sous nos yeux, et, pour nous rendre cette journée plus attrayante et plus profitable, le Père direc-

Phot. Richard.

CANAL DE CORINTHE — VUE D'ENSEMBLE

teur, dans une conférence savante, pittoresque, humoristique, pieuse aussi, nous prépara au spectacle du lendemain.

Nous voilà donc en route pour Corinthe, tout fiers de braver l'antique proverbe : *Non licet omnibus adire Corinthum.*

Phot. Richard.

CANAL DE CORINTHE
Entrée du canal du côté de Corinthe.

Serrant de près le rivage, nous voyons successivement passer, comme en un féerique panorama, Patras, célèbre par le martyre de saint André, l'amant de la croix ; Lépante, fatale aux Turcs dans cette fameuse journée du 7 octobre 1571 qui vit la destruction de leur marine par les escadres chrétiennes que commandait don Juan d'Autriche. Pour remercier Dieu de cette éclatante victoire attribuée aux prières que la catholicité toute entière adressait alors à la Sainte Vierge, le Pape Pie V, à qui Dieu avait montré dans une vision célèbre les péripéties de la bataille, institua la fête de Notre-Dame du Rosaire.

Le soleil éclairait admirablement, lors de notre passage, la colline qu'escaladent les antiques remparts de la cité. Cette vieille citadelle aux murs croulants était remplie de tentes où campaient un grand nombre de Turcs faits prisonniers pendant la dernière guerre balkanique.

Phot. Richard.

DANS LE GOLFE DE CORINTHE
Vue de la Néo-Corinthe.

Plus loin, nous aperçûmes très distinctement, dans le voisinage de Delphes, les sommets de l'Hélicon et du Parnasse, ce Parnasse que Boileau conseillait aux téméraires auteurs de ne pas gravir. Sa tête se perdait dans les nuages, comme il arrive trop souvent aux poètes.

Notre *Étoile*, sans escalader ces périlleuses montagnes, rien que pour avoir vogué dans leur voisinage, vit jaillir à son bord une intarissable source de poésie dont s'alimenta brillamment son théâtre, car tous les soirs l'*Étoile* ouvrait les portes d'un théâtre idéal, capable de défier toute concurrence.

Au fond du golfe, la moderne Corinthe s'étend mollement parmi la campagne verdoyante, au pied de la colline sur laquelle était bâtie l'ancienne ville dont nous distinguons clairement les débris. C'est là que saint Paul fit deux séjours prolongés. La première fois, il y demeura deux ans, travaillant de ses mains, pour n'être à charge à personne, et prêchant le Christ aux Juifs et aux Gentils. Pour les Corinthiens, il eut toujours, même absent, une tendre et forte sollicitude, comme en témoignent les deux célèbres épîtres qu'il leur écrivit. On les relit avec bonheur en face de cette Acro-Corinthe dévastée, dont l'orgueil et la luxure gisent en pièces parmi des monceaux de ruines.

UN SOUVENIR DE CORINTHE
Le P. Bailly disant la messe aux ruines de Corinthe en janvier 1894.

Déception.

A 1 heure du soir, nous étions à l'entrée du canal taillé en forme de couloir à travers l'isthme qui unit le Péloponèse au continent. Nous l'apercevions dans toute sa longueur (5 kilomètres environ), étroitement serré entre les hautes murailles de rochers qui s'élèvent à 85 mètres et qu'on a tranchées presqu'à pic. Pour s'y engager, les gros bateaux attendent le courant contraire qui permet de gouverner plus facilement.

On nous le faisait espérer, ce courant, pour 4 heures du soir. Le canal franchi, trois heures à peine nous séparaient du Pirée, de sorte que nous serions au port vers 7 ou 8 heures. Vite, chacun se met à sa correspondance qu'on expédiera dès l'arrivée au Pirée, et les vaguemestres ramassent d'énormes paquets de lettres et de cartes postales. Beaucoup, pour gagner du temps, décrivent même par avance le passage du canal, accentuant les émotions de tous genres qu'on se prépare à éprouver. C'est de l'histoire un peu préconçue peut-être, mais en face de ce canal dont on aperçoit ici l'entrée et là-bas la sortie, avec le pont du chemin de fer qui l'enjambe à 60 mètres d'altitude, avec ses berges qui se dressent comme des murailles plus que cyclopéennes, on imagine sans peine ce que sera le passage, et il est possible de le raconter d'avance sans trop s'exposer à faire mentir les faits.

Le commandant ordonne de jeter l'ancre en attendant l'heure du courant favorable. Depuis le matin, nous voyions le ciel s'assombrir derrière nous vers l'Occident. Un orage se formait, qui paraissait nous poursuivre, mais la bonne avance que nous avions sur lui nous mettait hors d'atteinte. Il nous rattrapa au fond du golfe pendant que nous étions stoppés, et il s'abattit sur nous avec une violence de cyclone. La pluie, la grêle, les éclairs, le tonnerre faisaient rage, le vent tourbillonnait avec fureur. C'était un tintamarre assourdissant et un éblouissement continu d'éclairs zigzaguant autour de nous. Le spectacle était littéralement d'une horreur sublime et les pèlerins réfugiés dans tous les abris du bateau, le contemplaient sans péril avec une admiration mêlée de stupeur.

En un instant, nous fûmes presque plongés dans l'obscurité par le fait de la trombe d'eau et de grêle dont l'épaisseur bouchait la vue comme un épais rideau, et nous n'apercevions plus le rivage, distant à peine d'une encâblure. Il fallut jeter la seconde ancre pour empêcher le navire de dériver.

Une heure après, le ciel se rasséréna et les matelots commencèrent la manœuvre pour se lancer dans le canal. Ils avaient déjà levé une ancre, lorsque se présenta un petit bateau grec, courrier postal, qui n'ayant aucune manœuvre à faire et usant d'ailleurs du privilège des paquebots-poste, s'engagea aussitôt dans le canal. Nous le trouvâmes un peu impertinent de nous passer devant, lui, dernier venu, malgré nos trois heures d'antichambre. Mais voilà que nous le voyons s'arrêter au tiers environ de la passe, et en même temps le sémaphore hissait le signal « route non libre ». Que se passait-il? On nous l'apprit bientôt, le bateau grec venait de se heurter à un éboulement produit par l'orage. Le canal était obstrué, et ce serait probablement pour longtemps, nous disait-on.

ATHÈNES — LE PARTHÉNON

Que faire? Il n'y avait qu'un parti à prendre: rebrousser chemin, et remercier la divine Providence qui, en retardant notre entrée dans le canal, avait été pleine de sollicitude pour nous. Si nous nous étions enfilés dans la passe, nous n'en serions pas sortis de si tôt et peut-être pas sans avaries.

Et les descriptions prématurées du passage? Voilà de quoi embarrasser les futurs historiens, quand ils se trouveront en face de documents d'une authenticité incontestable. Les siècles à venir entendront peut-être quelque érudit prouver dans de savants mémoires, devant de graves Académies, que le XLVIe Pèlerinage de Pénitence est passé par le canal de Corinthe.

ATHÈNES — L'ÉRECHTHEION

Autour du Péloponèse.

Ce contretemps nous valut trente-six heures de navigation supplémentaire, en nous obligeant à contourner le Péloponèse pour arriver au Pirée, que nous avions là tout proche, de l'autre côté du canal. Au premier moment, on envisagea cette perspective avec quelque mélancolie. Mais la joie revint vite. Le Père directeur nous expliqua tous les avantages de cette déconvenue avec tant de persuasion que tous les pèlerins furent vite convaincus.

Le seul vrai désagrément fut éprouvé par les finances du bateau, qui dut nourrir les pèlerins et..... la machine pendant cette traversée imprévue; mais de cela les pèlerins, tout en plaignant l'armateur, se consolèrent vite. Le lendemain, dimanche, il fut possible de sanctifier le jour du Seigneur à bord mieux qu'on ne l'aurait fait à terre, dans les rues de la moderne Athènes ou sur les ruines de l'antique Acropole ou dans la visite des vieux dieux du musée, et c'est un point de vue auquel des pèlerins ne sont pas insensibles. Et puis, ce voyage le long du Péloponèse, par un temps magnifique, avait tous les charmes d'une navigation de plaisance. Les côtes de la Morée si pittoresques, découpées comme une feuille de mûrier, se déroulèrent devant nous, incendiées par un soleil

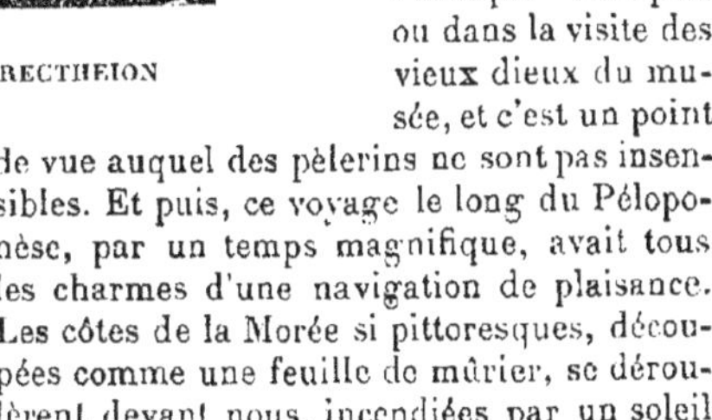

qui déployait sur elles toute la magie de la couleur. Elles sont pourtant bien rocailleuses, bien sèches, bien arides; mais elles sont drapées dans le chatoiement d'une si belle lumière! C'est étonnant ce que le soleil d'Orient peut faire avec des rochers et de l'eau!

Nous apercevons Navarin enfoncée dans sa rade où, le 20 octobre 1827, les flottes alliées écrasèrent la flotte turque comme on assomme un troupeau de phoques pris au piège, et assurèrent l'indépendance définitive de la Grèce. Nous traversons l'entrée du golfe de Messénie terminé à l'Est par le cap Matapan, l'ancien cap Ténare, si fameux chez les anciens, qui y plaçaient, dans une grotte, la porte du Tartare. C'est par là qu'Orphée, Hercule, Enée accomplirent leur célèbre descente aux enfers, malgré le terrible Cerbère aux trois têtes de chien qui veillait au passage du Styx. On distingue au Nord la cime du Taygète qui sert comme de guidon pour s'orienter vers Sparte, toujours assise sur son Eurotas à sec. Puis se creuse un nouveau golfe, celui de Laconie, dont la profondeur se perd au loin dans un bleu fin et léger qui marie le ciel et l'onde. La chaîne du Zarex qui court à l'Orient forme sa limite, dont l'extrémité tombe à pic dans les flots, formant le cap Malea (Saint-Ange) où un ermite, seul habitant de ces arides rochers, daigne quelquefois se montrer aux bateaux qui passent en sifflant pour le faire sortir de son antre. Il ne bougea pas pour nous. En face du cap Malea s'épanouit sur la mer bleue l'île de Cythère aux enchantements suspects. Nous n'y débarquâmes point.

ATHÈNES — AU PIED DE L'ACROPOLE

En remontant au Nord, nous laissons sur notre gauche le golfe d'Argos. Encore un nom fameux dans la fable et dans l'histoire. C'est ici que les héros d'Homère se morfondaient en attendant la brise favorable qui permettrait à leur vaisseau de voler au siège de Troie.

Tout dort, et l'armée, et les vents, et Neptune.

Et ils dormirent jusqu'à ce qu'Agamemnon, le roi des rois, eût immolé sa fille Iphigénie au courroux des dieux. Pauvre Iphigénie!

C'est enfin le golfe Saronique qui s'enfonce entre l'Attique, l'Argolide et l'isthme de Corinthe. Elle est là-bas, tout près, la sortie du canal dont nous garderons mémoire. Et voici, plus près encore, l'île d'Egine, ainsi désignée du nom de cette nymphe imprudente que Jupiter y cacha et qui mit au monde ici Eaque et Rhadamante, deux juges des enfers. Sisyphe, pour avoir trop bavardé sur un secret qui n'était pas à l'honneur de l'Olympe, fut condamné par Jupiter à rouler au haut d'une montagne un rocher qui retombait toujours quand il touchait au sommet. Avis à ceux qui médisent des puissants qui ont mauvais caractère et peuvent se venger!

Une peste ayant ravagé l'île, Jupiter la repeupla en changeant en hommes une fourmilière, ce qui fit donner aux habitants le nom de *Myrmidons*, du mot grec μύρμηξ, fourmi. C'était aussi le nom des Thessaliens qui suivirent Achille, leur souverain, au siège de Troie, parce que Pélée, fils d'Eaque, avait amené parmi eux une colonie d'Eginètes ou de Myrmidons, qui finirent par donner leur nom aux habitants de la Thessalie.

Nous longeons en dernier lieu l'île de Salamine qui dérobe à nos yeux la mystérieuse Eleusis, cachée au fond de la baie de ce nom. C'est d'ici que sortirent deux héros de l'Iliade: Teucer et Ajax. Mais la célébrité de Salamine s'accrut pendant les guerres médiques. Thémistocle y avait fait transporter les femmes et les enfants d'Athènes, pendant que les hommes, montés sur 380 navires, anéantissaient la flotte de Xerxès, forte de 2000 voiles.

Athènes.

Nous y arrivâmes avec un jour de retard, à la grande surprise de ceux qui nous avaient attendus la veille, car nos dépêches annonçant le cas de force majeure qui nous avait renvoyés en haute mer n'étaient pas parvenues. L'ouragan avait rompu les fils télégraphiques, mais il était arrivé, lui, jusqu'à Athènes, où il nous avait rendu le service d'enlever la poussière, cette abominable poussière, plaie des pays chauds.

La visite de la ville ancienne et moderne eut lieu comme d'habitude, mais nous ne nous attarderons pas à des descriptions tant de fois ressassées. L'entière journée du lundi, de 6 heures du matin à 5 heures du soir, y fut consacrée, et tout se passa selon le programme. Seule, la voix tonitruante de Christian, notre guide, avait quelque chose de plus triomphant que de coutume : elle se ressentait des récentes victoires. Un guide d'Athènes, quand il parle sur l'Aréopage, sur l'Acropole, sur l'Agora, croit être l'écho des Démosthène et des Périclès, et dans sa parole passe le souffle de « la grande idée ». Aussi, en nous racontant le passé, l'éloquence de Christian exaltait le présent et prophétisait l'avenir. Il voyait Athènes avec un million d'habitants marcher à la tête de la civilisation, et tous les peuples de la terre chanter son génie, son héroïsme, ses nouvelles gloires et sa prospérité.

Phot. V. B.

ATHÈNES
Les pèlerins assis sur les gradins du théâtre de Dyonisios.

Le serpent de mer.

Un incident marqua notre sortie du Pirée. Pendant la manœuvre du départ, notre ancre accrocha sournoisement, à l'insu de l'équipage, la chaîne d'une drague. Celle-ci s'en aperçut, et pendant que nous défilions le long de son bord, ses marins s'agitant comme des énergumènes, nous criaient on ne sait pas quoi. A la véhémence du ton, cela paraissait être des injures, mais cela pouvait être aussi un accès d'enthousiasme, une manifestation patriotique, une exubérance de héros à la façon d'Homère. Pouvait-on savoir, étant donné surtout qu'ils hurlaient dans la langue des dieux, avec laquelle nous sommes peu familiarisés? Sans nous inquiéter davantage de leurs bruyantes démonstrations, nous sortons tranquillement du port, mais on constata bientôt que nous traînions une longue chaîne entravant notre marche : c'était la chaîne et l'ancre de la drague. Cette « marie-salope », se voyant sur le point d'être remorquée par nous, malgré ses objurgations, nous avait abandonné ses amarres. Et nous voilà fort empêtrés.

On stoppa. Tout le haut commandement du bateau se mit à l'œuvre, le commandant, l'armateur, les officiers, et la besogne ne paraissait pas aisée. Sur le pont, on était surpris. Chacun demandait : « Qu'y a-t-il? Pourquoi cet arrêt? Sommes-nous échoués? Est-ce que la machine est détraquée? » Et les imaginations commençaient à s'échauffer.

Enfin, après trois heures d'un travail acharné, la malencontreuse chaîne est hissée à bord : elle mesurait 90 mètres de long et se terminait par une ancre à trois dards recourbés dessinant assez bien une tête de

LA PRESQU'ÎLE DU MONT ATHOS

serpent gigantesque. Nous la renvoyâmes honnêtement au Pirée, après notre arrivée à Constantinople.

A peine débarrassés de ce monstre, voilà qu'un échappement de vapeur se produit dans la chaudière, par la force de la pression trop longtemps contenue. Impossible encore de partir avant d'avoir réparé le joint qui fuyait, et pour aborder ce joint il fallait abattre la pression. Combien de temps cela demanderait-il? Le commandant craignait bien d'avoir à y passer la nuit.

On tâchait de dissimuler ces inquiétudes aux pèlerins; c'est un principe, à bord, qu'il faut toujours rassurer les passagers; mais ils voyaient bien qu'on ne partait toujours pas.

Le Père directeur, aux avis du soir, nous expliqua le pourquoi de cette interminable panne. Il nous dit que cet incident aurait au moins l'avantage de fixer un point longtemps débattu entre marins et naturalistes: l'existence du serpent de mer; que tout doute était enfin levé, ce monstre n'était que trop réel, il avait voulu nous empêcher de sortir du Pirée; qu'on pourrait le voir le lendemain à l'avant du bateau, où la vaillance de l'équipage avait fini par le hisser, après un combat de trois heures. Et il nous le décrivit avec tant de précision, que quelques bonnes âmes allèrent le lendemain s'informer de son cadavre.

Nos mécaniciens travaillèrent si bien que, vers 10 heures du soir, l'hélice se remit à fonctionner. *Deo gratias!*

L'Athos.

Mais ce retard de cinq heures n'allait-il pas compromettre notre escale du mont Athos? Y arriverions-nous avant la nuit?

Le mont Athos est une des trois chaînes qui divisent la presqu'île chalcidique et s'avancent dans la mer comme trois longs doigts enfermant deux golfes profonds.

L'Athos est la chaîne la plus occidentale; elle a 50 kilomètres de longueur et se termine par un promontoire dont le cône majestueux se dresse à pic sur les flots à une altitude de 1 935 mètres, et projette son ombre, comme l'aiguille d'un cadran solaire de Titans, jusqu'à treize lieues de distance sur la place publique de Myrina, ville de l'île de Lemnos.

Nous arrivâmes au pied de ce géant vers 4 heures du soir. Le temps était splendide et le soleil du couchant éclairait avec magnificence la « sainte montagne ». Car c'est une montagne sainte, Ἅγιον ὄρος, uniquement peuplée de moines, qui vivent au nombre de 8 000 dans divers *monastères*, *skites*, *kellias*, *ermitages*, et forment une vraie répu-

ERMITAGES SUR LE FLANC DE L'ATHOS

blique monastique, gouvernée par un Conseil de vingt membres résidant à Keriès, la capitale.

Nous nous enfonçâmes dans le golfe en

MONASTÈRE GREC DE DYONISIOS

longeant la côte Sud-Ouest de la presqu'île athonite. Le spectacle grandiose et varié qui se déroula sous nos yeux est indescriptible. Les couvents et les ermitages perchés sur les pics, accrochés comme des balcons au flanc de la montagne ou blottis dans les baies ombreuses se succèdent sans interruption, formant le panorama le plus pittoresque du monde. Ils sont de toutes les époques et de tous les styles. Quelques-uns baignent leurs vieux murs dans la mer, d'autres la surplombent du haut de quelque saillie abrupte formant promontoire à plus de 300 mètres d'altitude, d'autres se dérobent dans les gorges boisées où leur tête blanche émerge des frondaisons. Presque tous offrent une agglomération de bâtisses hétéroclites et en désordre enfermées dans de hautes murailles et couronnées de dômes trapus. Elles escaladent la montagne très abrupte comme elles peuvent, agrippant leurs constructions partout où c'est possible, moitié donjons, moitié prisons. Ces enceintes fortifiées et ces créneaux ne sont pas inutiles, car, à certains jours, les moines ont dû soutenir des assauts furieux.

En dehors des couvents proprement dits, il y a les ermitages plantés sur tous les pitons, cachés dans toutes les anfractuosités. La muraille de rocher paraît habitée partout. Ces trous de pierre ne sont accessibles que par des puits creusés dans la paroi ou par des échelles de corde. Quel mépris du vertige!

Et cet ensemble fantasmagorique est présidé par le front chauve et altier de l'Athos, pyramide de pierre nue, que couronne là-haut, à 2 000 mètres, le couvent de la Transfiguration.

En s'avançant au milieu de ces splendeurs, le navire s'amuse, avec sa sirène, à réveiller les échos de la montagne qui se répercutent à l'infini. Les cloches des monastères répondent à nos saluts, et c'est l'allégresse répandue dans l'air. Tous les couvents paraissent en fête et sont pavoisés aux couleurs grecques. Nous avons su depuis que les moines célébraient leur annexion au royaume de Grèce, qui avait été officiellement déclarée quatre jours auparavant.

Saint-Pantéleïmon.

Nous avions l'intention de visiter le monastère de Saint-Pantéleïmon, peuplé de 800 moines russes, et désigné souvent, à cause de cela, sous le nom de *Russicon*. Pour débarquer, ici comme partout, il faut subir les formalités requises par les offices sanitaires et policiers. C'est au petit port de Daphni que s'accomplissent ces formalités. La « Santé » s'informe si nous sommes

COUVENT SERBE DE SIMONOPETRA

« propres » ; c'est l'expression usitée en Orient pour signifier qu'on est indemne de toute maladie contagieuse. Nous étions très « propres ». Nous nous informons à notre tour s'il n'y a pas de « saleté » dans la presqu'île, car nous ne voulons pas nous exposer à quelque quarantaine en arrivant à Constantinople. Nous avions, du reste, déjà télégraphié d'Athènes pour nous assurer que nous pouvions sans crainte toucher l'Athos, et on nous avait répondu que l'Athos était « propre ». Mais deux précautions valent mieux qu'une. Nous verrons plus tard à quoi elles nous servirent.

Nous voilà donc nantis de toutes les autorisations et nous continuons notre route vers le Russicon. Une barque chargée de policiers grecs nous accompagne, amarrée à notre bateau. Parmi les passagers de la nacelle se trouve un cavas à fustanelle, crasseux, hirsute, rébarbatif, hideux à voir. Il paraît fort angoissé de la marche rapide de son esquif remorqué rondement par l'*Étoile*, et tous les signes de la plus vive terreur se peignent sur son visage de brigand. Évidemment, il n'a pas la conscience tranquille. Ses compagnons se moquent de lui, et l'un d'eux, pour le rassurer, brandit un énorme coutelas, prêt à couper le câble de la remorque si le danger augmente. Cette petite scène amuse fort les pèlerins, peu portés à la pitié pour cette mine aussi couarde que patibulaire.

Phot. Faucon.

L'ATHOS
La nef longe la célèbre presqu'île.

Vers 6 heures du soir nous jetons l'ancre devant le couvent de Pantéleïmon. Malgré l'heure indue, la permission de visiter le couvent nous est accordée, et nous débarquons aussitôt, les Messieurs seulement, car la sainte montagne est absolument interdite à tout individu, raisonnable ou non, du sexe féminin. Les pèlerines nous regardèrent descendre d'un œil d'envie, comme on pense bien, d'autant plus mortifiées de ne pas venir que c'était défendu. Mais elles eurent une compensation : le bateau n'était pas interdit aux moines, qui montèrent à bord assez nombreux avec une cargaison d'objets fabriqués dans le monastère, icones, bibelots pieux et profanes, ustensiles de tout genre, peignes, gratte-dos, toute la bimbeloterie monastique, de quoi occuper la curiosité et exciter la convoitise. Grâce à cela, les deux heures passèrent rapidement.

Quant aux pèlerins (les masculins), ils furent très cordialement reçus par les moines russes. Des barques vinrent les chercher au bateau pour les porter au rivage, où les attendaient quelques dignitaires du couvent au port majestueux. Ils gravirent ensemble une sorte de chemin de ronde qui, après quelques minutes, les fit déboucher, à travers de hautes murailles, dans une cour spacieuse et irrégulière, entourée de corps de logis s'étageant capricieusement à perte de vue.

Après nous avoir montré, dans leur église, la richesse des décorations et de l'iconostase, les moines nous firent visiter du haut en bas leur immense laure, grande comme un village.

Nous eûmes même les honneurs d'une réception solennelle dans le vaste divan qui occupe le dernier étage de tout un corps de logis. On nous offrit la confiture traditionnelle avec tout l'appareil des cuillères et des verres d'eau. C'est une cérémonie assez compliquée et qui met souvent dans l'embarras les novices en fait de coutumes orientales. On en a vu prendre à deux mains le pot de confiture et chercher à le boire d'un trait comme un bol de lait, au grand ébahissement du serviteur qui tenait gravement le plateau. Puis on nous apporte le café, les cigarettes et un verre de vin du meilleur crû athonite.

On se remit ensuite à parcourir des longs corridors, à visiter des chapelles, à monter et descendre des escaliers. Sans un guide on se perdrait infailliblement dans ce labyrinthe. Nous nous arrêtâmes un instant dans le grand réfectoire, immense salle décorée de fresques, qui peut contenir 800 moines. On ne distinguait plus les peintures par ce crépuscule finissant. L'économe qui nous pilotait nous expliqua le régime des cénobites : c'est effrayant d'austérité, et les quelques vocations ascétiques qui commençaient à poindre parmi les pèlerins s'éclipsèrent aussitôt.

Pour finir, on passa au magasin, où les convoitises s'allumèrent instantanément ainsi que les lampes. Il y avait de bien jolis objets et bien curieux. Naturellement on acheta des souvenirs, et on se fit rouler. Les mêmes objets avaient été achetés à bord par les pèlerines à moitié prix. Il fut avéré une fois de plus que les hommes ne sont pas forts.

Enfin, on repartit pour l'*Etoile* à la lueur des lanternes, non sans avoir fait un appel minutieux pour bien s'assurer que personne n'était resté au Russicon à la faveur des ténèbres. Les petites barques des moines nous ramenèrent au bateau qui leva l'ancre à 8 heures passées (1).

Les Dardanelles.

Après avoir navigué entre l'île de Lemnos, au Sud, où le pauvre Vulcain lancé du haut de l'Olympe à travers les espaces par un magistral coup de pied de son père Jupiter, vint s'abattre et se casser une jambe, et l'île d'Imbros, au Nord, qui n'a pas d'histoire, nous arrivâmes aux Dardanelles vers 10 heures du matin. L'entrée du détroit, encore encombrée de mines, nous obligea à prendre rang dans la file des bateaux, toujours nombreux dans ces parages, qui s'avancent à la queue-leu-leu, le long de la côte Nord, par un étroit chenal que déterminent des bouées flottantes, afin de ne pas heurter les volcans sous-marins.

A Chanac, entre les lourds châteaux qui commandent la passe et allongent vers nous la gueule de leurs canons, arrêt obligatoire pour prendre la libre pratique. La « Santé » s'informe si nous sommes « propres ».

— Très « propres ».

— D'où venez-vous?

— D'Athènes. Et nous avons touché l'Athos pendant deux heures.

— Ah! l'Athos? Vous avez cinq jours de quarantaine.

— Comment? Mais ils n'ont point la « saleté ».

— Officiellement ils l'ont : c'est la dernière décision du Conseil sanitaire; car les troupes grecques l'ont en Macédoine, et comme l'Athos n'a pas rompu ses communications avec la Macédoine, il est suspect, et cinq jours de quarantaine ont été décrétés contre toutes les provenances de la côte, depuis Salonique jusqu'à la nouvelle frontière turque. Donc votre cas est clair. Il vous faut aller dans le golfe de Smyrne purger votre quarantaine.

C'était sans doute un des résultats politiques de la récente annexion de l'Athos au royaume de Grèce.

Pour de l'imprévu, c'était de l'imprévu, et d'une qualité particulièrement désagréable. Allions-nous être forcés de renoncer à la visite de Constantinople? On discuta ferme avec le médecin sanitaire qui, du reste, fut fort courtois et accommodant, et finalement, après de longs débats, on obtint de n'être pas renvoyés dans la Méditerranée. Ce premier succès nous donna bon espoir. Nous fûmes autorisés à continuer notre route, mais en quarantaine, et, au lieu de nous arrêter à Constantinople, nous irions au lazaret de Cavak, à l'entrée de la mer Noire, où notre sort se déciderait.

Les pourparlers avaient été longs, et nous ne repartîmes de Chanac que vers une heure du soir, arborant le drapeau jaune, couleur de souci, pour signaler à tous qu'on eût à nous considérer comme des pestiférés.

Nous laisserait-on descendre à Constanti-

(1) Le monastère de Saint-Pantéleïmon, qu'on disait peuplé de 800 moines russes, nous parut relativement vide et morne. Nous n'y prêtâmes pas grande attention sur l'heure, mais nous sûmes depuis qu'il venait d'être le théâtre de scènes tragiques et que les trois quarts de ses habitants avaient été exilés jusqu'en Sibérie. Voici à quelle occasion : Quelques illuminés slaves avaient imaginé un nouveau culte et inventé une nouvelle hérésie : l'*onomatolâtrie* (adoration du nom, consistant à adorer le *nom* de Jésus). Les Grecs ne se laissèrent pas entraîner par les rêveries de ces cerveaux slaves. Ils y trouvèrent même une belle occasion d'invectiver contre ces rivaux encombrants. La discorde prit vite de graves proportions, et l'orthodoxie fut aux abois. Le saint synode de Pétersbourg dut intervenir. Il condamna les onomatolâtres et députa au mont Athos un évêque, Mgr Nicon, pour signifier l'anathème aux obstinés. L'ambassade pacifique et d'ordre strictement religieux fut entourée, pour en rehausser le prestige, de tout l'appareil de la puissance militaire, et les canons ecclésiastiques se présentèrent avec l'appui des canons de la flotte. Un stationnaire russe de Constantinople, le *Donetz*, débarqua Mgr Nicon au couvent de Saint-Pantéleïmon, avec une escorte de marins. Le prélat fut mal reçu. Sa harangue fut même interrompue en pleine église par des vociférations peu liturgiques, et les moines, ne pouvant plus se contenir, s'apprêtaient à se ruer sur lui, quand ils furent maîtrisés par le peloton de soldats. Le bras séculier avait sauvé les canons ecclésiastiques d'un grave désastre. Ils ne remportèrent pas cependant la victoire et durent battre en retraite et se réfugier, dans la personne de Mgr Nicon, sur le stationnaire russe. Le commandant du *Donetz* aurait bien voulu prêter immédiatement main forte et débarquer un détachement, mais il n'était pas certain de la victoire. Quel retentissement dans le monde « orthodoxe », si ces moines fanatisés et fort redoutables à l'abri de leur forteresse lui avaient infligé un échec! En capitaine prudent, il demanda du renfort. 120 hommes lui furent envoyés avec d'importantes munitions, et le siège commença. Il y eut un combat qui coucha 40 onomatolâtres sur le terrain. Les autres se rendirent à discrétion et 616 furent expédiés sur le *Cherson* aux quatre coins de l'empire et dispersés dans divers monastères, où on leur apprendra, à l'aide de la courbache s'il le faut, qu'un nom peut être divin, mais n'est pas un dieu.

nople? On pria avec plus de ferveur que jamais pour les âmes du Purgatoire, dont nous avions déjà plusieurs fois éprouvé l'évidente protection, et nous allions avec confiance. Nous jouirions en tous cas de la vue de Constantinople, que tout le monde dit incomparable, ainsi que du Bosphore, que nous visiterions même mieux que nos devanciers, puisqu'on nous envoyait sur la mer Noire, plus loin que ne comportait notre programme.

En attendant, ne perdons rien des Dardanelles, dont il a été tant question depuis deux

Phot. F. Curzia

DANS LES DARDANELLES
La ville de Gallipoli.

ans, à l'occasion de la guerre italo-turque et de la guerre turco-balkanique.

*
* *

Nous nous engageons d'abord entre deux formidables batteries, distantes à peine de 1 200 mètres : le *château d'Europe* à gauche et le *château d'Asie* à droite, munies de plus de 300 pièces d'artillerie dont les feux se croisent. Ce sont deux sentinelles redoutables, et on comprend que les flottes les plus puissantes n'osent pas s'aventurer dans ce passage, même contre des Turcs.

Derrière le château d'Asie, après avoir doublé la pointe de Nagara, voici la flotte turque tranquillement à l'ancre. Les Italiens ont voulu la surprendre et la torpiller, mais en vain. Ils ont prétendu qu'ils s'étaient heurtés à un treillis de fils de fer dans lequel les Turcs avaient enfermé leurs vaisseaux comme des poissons dans un filet; mais on ne les a pas crus : cet exploit a trop l'air d'une fanfaronnade.

La flotte turque n'a pas beaucoup bougé de son mouillage, sauf dans une escarmouche contre les Grecs, à qui elle alla chercher noise pas bien loin, à l'entrée des Dardanelles, et où chacun, naturellement, s'est attribué la victoire. Puis elle rentra flegmatiquement dans son abri. Il n'y manque qu'une unité, l'*Hamidié*, ce bateau fantôme qui s'échappa durant le combat et qui, depuis, fait des apparitions subites, tantôt ici, tantôt là, bombardant quelque ville grecque, coulant quelque navire, toujours insaisissable et toujours terrifiant. Il peuple de cauchemars les imaginations des Grecs qui ne dorment plus tranquilles. De fait, nous avons vu, dans le port du Pirée, trois gros vaisseaux à moitié démolis par les obus de l'*Hamidié*, et dont on réparait les trous béants.

Cette pointe de Nagara fut témoin d'une scène tragi-comique dans l'antiquité. C'est l'ancienne Abydos, d'où partait le pont de bateaux que Xerxès construisit entre l'Asie et l'Europe pour le passage des multitudes, qu'il conduisait à la conquête de la Grèce. Mais la tempête ayant détruit les travaux, le roi de Perse fit d'abord décapiter les ingénieurs, et puis, comme la mer méritait aussi un châtiment, il fit fouetter cet enfant turbulent pour lui apprendre à être sage. Le roi d'Italie n'a pas imité le roi de Perse : il a fait ministre de la marine le commandant de l'escadrille de torpilleurs, qui essaya sans succès d'approcher de cette pointe de Nagara derrière laquelle s'abritait la flotte turque.

Les deux rives de l'Hellespont continuent à charmer nos regards et à rafraîchir notre mémoire de leurs souvenirs historiques. Voici, à gauche, les ruines de l'antique Sestos, où flotta d'abord en Europe la bannière de Mahomet; plus loin, l'embouchure de l'Ægos Potamos où Lysandre vint mettre fin à l'interminable guerre du Péloponèse par la victoire qu'il remporta sur les Athéniens. A droite, sur la rive d'Asie, on aperçoit, parmi les vignes et les oliviers, la ville de Lampsaque, célèbre jadis par son culte de Priape.

La ville de Gallipoli, juchée sur sa haute falaise, commande la sortie du détroit. Elle est turque depuis 1357, et elle le reste, malgré ses espérances de secouer le joug du croissant pendant la dernière guerre. Elle

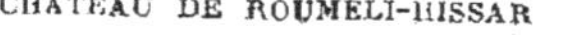

CHATEAU DE ROUMÉLI-HISSAR

a été un point de concentration des armées turques et en a souffert autant que d'une prise d'assaut. D'immenses baraquements attestent que de nombreux soldats sont passés ici. L'armée française séjourna à Gallipoli pendant la guerre de Crimée (1854-1856) et y établit des ambulances. Résultat : 5 000 soldats ensevelis dans un vaste cimetière qu'entretient patriotiquement le gouvernement français et que nous saluons au passage d'un *De Profundis* chanté solennellement.

Et nous voilà dans la Marmara, à la nuit tombante. L'*Etoile* ne se hâte pas, car elle ne veut pas arriver devant Constantinople avant le point du jour. Vers 2 heures du matin, un formidable orage, presque aussi violent que celui de Corinthe, fond sur nous. Le tonnerre éclate tout autour du navire avec un fracas terrifiant. On ne voit plus à se conduire au milieu des éclairs éblouissants et des éléments déchaînés. La sirène gémit de minute en minute pour avertir les autres bateaux, sur cette ligne très fréquentée, que nous sommes là et qu'il ne faut pas nous aborder. Ils en font autant, sans doute, mais on n'entend que le rugissement de la tempête. C'est lugubre. Enfin, Dieu nous garde, et le ciel finit par s'éclaircir.

Devant Constantinople.

Nous arrivons devant Constantinople au soleil levant, qui veut bien percer la nue pour jeter sur les minarets, les coupoles, les beaux édifices, les palais de marbre, les croulantes masures, les antiques murailles en ruines, ses rayons les plus dorés. Les pèlerins accourent sur le pont pour contempler ce spectacle somptueux et vont de droite et de gauche, ne sachant qu'admirer le plus. C'est une vision unique au monde, dont on ne se rassasie pas, et que la marche de notre bateau fait varier à chaque instant, la rendant toujours plus éblouissante.

Voici la pointe du Sérail, couronnée de kiosques, de coupoles, de clochetons, répandus parmi les noirs cyprès et les bosquets verdoyants, symboles de tristesse et de joie. Là sont recluses, dans un veuvage forcé, les sultanes qui ont cessé de plaire. Plus loin s'enfonce la Corne-d'Or, barrée par le fameux pont de bâteaux, où grouillent toutes les races et tous les costumes. Il relie Stamboul, la ville turque, à Péra, la ville européenne, qui flambent toutes deux, baignées dans un air d'une luminosité sans pareille. De tous côtés s'avancent et fuient des promontoires et des vallées où s'échafaudent pêle-mêle, à droite et à gauche, des maisons peintes de toutes les couleurs, des sérails, des kiosques, des mosquées, des dômes, des minarets, entremêlés d'arbres et de jardins. Les moindres détails de ces constructions entassées, escaladant les collines, sont merveilleusement distincts. A notre droite, sur la côte d'Asie, c'est Kadi-Keuy avec ses maisons à l'européenne, puis la musulmane Scutari, enserrée entre ses vastes casernes et l'immense forêt de cyprès de son cimetière.

Phot. F. Cazin.

ANATOLI KAVAK SUR LE BOSPHORE
Dans le fond, la mer Noire.

Nous avançons encore, et le magique panorama se développe toujours plus étincelant. Voici la tour de Léandre, émergeant des flots comme une sentinelle mystérieuse, et, sur la côte d'Europe, la tour de Galata, dominatrice, massive, ventrue comme un pacha en fin de carrière. Les gratte-ciel à neuf étages qui se pressent autour d'elle n'arrivent pas à ses épaules. Plus bas, en terrasse sur la mer, se dessinent les lignes élégantes du palais impérial de Dolma-Baghtché, prison des sultans détrônés ; les marbres calcinés de Tcheragan, autre palais auquel la nouvelle Constitution fut fatale. Transformé en Parlement, il flamba, voulant signifier, sans doute, que le régime constitutionnel serait le bûcher du régime turc essentiellement théocratique.

Le Bosphore prolonge le ravissement. C'est un fleuve puissant et gracieux enfermé dans des rives enchanteresses. Les palais, les kiosques, les villas penchées sur les flots, les jardins étalant leurs corbeilles de fleurs, les chalets échafaudés jusqu'au sommet de la montagne, les prés descendant jusqu'au bord de l'eau, les petits ports, les vallées ombreuses, les villages étagés sur la colline ou se baignant dans les flots, tout cela est ravissant sous cette belle lumière du matin. L'atmosphère, lavée par la pluie de la nuit, est d'une limpidité de cristal, et le soleil se joue à travers ce prisme avec une magie souveraine. C'est trop, on n'en peut plus, et il y a lieu d'être reconnaissant à l'office sanitaire qui nous impose la visite du Bosphore dans des conditions bien meilleures que celles que nous avions prévues.

Voici, sur la côte d'Europe, le château de Rouméli-Hissar, ayant pour vis-à-vis, sur la côte d'Asie, le château d'Anatoli-Hissar. Entre ces forteresses moyenâgeuses aux tours pansues, on tendait jadis une chaîne infranchissable aux bateaux. C'était la convention des détroits aux temps anciens. Ces vieux donjons ne servent à rien aujourd'hui, ils restent là pour le décor.

Après cette matinée incomparable, nous arrivons vers 8 h. 1/2 au sommet du Bosphore, à l'entrée de la mer Noire. C'est le lazaret de Kavak. Nous allons y trouver des préoccupations d'un autre genre.

En quarantaine.

Que nous réserve le tout-puissant médecin sanitaire de Kavak? Nous nous le demandons longtemps, car il ne se presse pas de venir. Les Turcs font le Ramadan, ce Carême musulman qui consiste à jeûner le jour et à festoyer la nuit. Aussi notre Esculape, après sa bombance nocturne, dort. Il lui plut de se réveiller vers 11 heures du matin, trois heures après notre arrivée. Il ne paraissait pas de bonne humeur et commença la discussion avec notre médecin du bord par ces étranges remarques :

— Qu'est-ce que c'est que cette croix qui orne la cheminée de votre bateau? J'aimerais mieux y voir le triangle des francs-maçons.

On fit comprendre à ce Jeune-Turc qu'il s'agissait de questions sanitaires et non d'emblèmes confessionnels, mais doucement et sans trop irriter les sentiments de ce « louveteau » qui pouvait, par pur caprice, nous bloquer au lazaret.

Il décréta qu'il fallait désinfecter le bateau et passer le linge sale à l'étuve. Il voulut bien considérer comme propre le linge que nous portions sur le dos.

Et alors commença la comédie.

Les plus avisés des pèlerins déclarèrent qu'ils n'avaient pas changé de linge depuis le départ, — ce qui n'étonna pas. Ils furent priés de descendre au salon des premières, où se tenaient trois scribes turcs qui leur délivrèrent un papier attestant l'absence de linge sale. Les autres firent un paquet de leurs hardes, qu'on envoya aussitôt à l'étuve, et malgré cela, ils durent comparaître à leur tour devant les trois magistrats de la lessive pour obtenir un billet proclamant leur linge sale.

Phot. Faucon.

A CONSTANTINOPLE
Les quais.

Pendant ce temps, on procédait à la désinfection du bateau, cérémonie extrêmement simple qui consiste à répandre sur le pont, avec un arrosoir, un litre d'acide phénique.

Coût : 400 francs.

Et maintenant rien à craindre, tout danger d'infection et d'épidémie était conjuré. Nous étions libres de descendre à Constantinople. Nous avions la « libre pratique ».

Ces chinoiseries coûteuses nous avaient mangé les trois quarts de la journée. Délivrés seulement vers 3 heures, nous partîmes aussitôt, et, vers 4 heures du soir, nous étions amarrés aux quais de Constantinople.

Phot. V. B.

CONSTANTINOPLE — VUE GÉNÉRALE PRISE DE LA TOUR DU SÉRASKÉRAT EN FACE LA CORNE-D'OR ET GALATA

Constantinople.

Les groupes de pèlerins se forment immédiatement pour la visite de Stamboul. Le « clou » de la soirée fut l'ascension de la tour du Séraskérat, du haut de laquelle, par cette soirée limpide et lumineuse, on jouit du coup d'œil le plus merveilleux sur l'immense ville, la mer et la campagne. L'antique Byzance, la moderne Péra, Scutari, Chalcédoine étagent leur amphithéâtre autour du Bosphore, qu'elles enserrent comme une arène mouvante. Le soleil descend au fond de la Corne-d'Or, qui forme comme une cuve incandescente. Il traîne ses longs rayons jaunes sur les coupoles, les minarets et les sordides masures, revêtant les riches monuments et les misérables huttes du même luxueux manteau. En face, il incendie les fenêtres de Scutari, qui brillent comme des lames d'or et justifient le nom de Chrysopolis, donné à la ville par les anciens. Il caresse d'une touche légère et oblique les flots de la Marmara, ondés et chatoyants comme une moire. Et là-bas, dans l'horizon lointain, les sommets bleuis de l'Olympe se perdent dans le ciel bleu. On reste ébloui de tant de magnificence.

Le lendemain fut consacré à la visite de la ville et de ses monuments. Nous n'en ferons pas la description, c'est un sujet épuisé.

Notons seulement un formidable orage (décidément, c'est le pèlerinage des orages) qui assaillit les pèlerins au moment où ils partaient en excursion. Le tonnerre roulait avec un vacarme inouï. En un clin d'œil, les rues, dont la pente est si raide qu'en plusieurs endroits elles sont en escaliers, furent des torrents et des cascades. On eut le spectacle de Turcs charitables s'érigeant en saints Christophes pour porter les passants d'un bord à l'autre. Des pèlerines timorées préfèrent la croupe d'un âne au dos d'un Turc.

La température, très rafraîchie par ces cataractes du ciel, permit de se promener tout le jour sans aucune fatigue.

Sur les côtes d'Asie Mineure.

Le départ de Constantinople eut lieu le 29 août, à 6 heures du soir. Au point du jour nous étions à Chanac, d'où, après les formalités de sortie, nous filons sur Rhodes.

Phot. Faucon.

A CONSTANTINOPLE
Dans les rues, sous la pluie d'orage.

Cette escale remplacera celle de Smyrne et d'Ephèse, où le choléra nous interdit d'aborder. Nous regagnerons ainsi le temps perdu à contourner le Péloponèse, et nous serons à Beyrouth au jour marqué par le programme.

Jusque vers 10 heures du matin, nous contournons la Troade. Derrière ces falaises mornes courent le Scamandre et le Simoïs, ces fabuleux ruisseaux dont les anciens, qui s'émerveillaient pour pas grand'chose, avaient fait des dieux. On nous montre, dominant la grève, les tombeaux d'Achille et de Patrocle, deux monticules coniques dont l'architecture rudimentaire donne vaguement l'idée d'une pyramide.

Que les deux guerriers grecs aient jamais reposé sous cet amas de terre, rien ne le prouve, mais il faut bien localiser, pour les voyageurs avides de précisions, la tombe de ces héros d'Homère.

On voudrait bien encore savoir l'endroit précis où se dressaient les murs d'Ilion, où le bouillant Achille tendit la tente de ses bouderies, où campaient les deux Ajax, le sage Nestor, le prudent Ulysse, le plus rusé des Grecs; Agamemnon, le roi des rois. Aucune trace de ces souvenirs.

On n'a devant soi qu'une plaine muette et inculte parcourue par de maigres troupeaux. Mais c'est le même rivage que bat toujours la même mer « retentissante », et sur lequel, tous les soirs, les Grecs, par précaution, tiraient à sec leurs vaisseaux — ce qui prouve bien que leurs escadres n'étaient pas composées de dreagnoughts.

C'est là qu'Hector, le plus brave des Troyens, fut, pendant neuf ans, le rempart de leur cité, et que, la dixième année, pendant qu'Achille boudait sous sa tente, à cause d'une captive qu'Agamemnon lui avait ravie, le vaillant fils de Priam repoussa les Grecs jusqu'à la mer et mit le feu à leur flotte.

C'est de là que s'échappa le pieux Enée, avec son père Anchise sur le dos, pour aller voir Didon à Carthage et fonder ensuite Rome, destinée à soumettre les Carthaginois, les Grecs et tout le monde connu. Ce fut une belle revanche de Troie.

Tous ces faits légendaires qui ont fait pâlir tant d'écoliers reviennent en foule à la mémoire, et, en contemplant ces landes désolées, on n'imaginerait jamais que s'y soient accomplies tant de merveilles racontées par l'*Iliade* et l'*Enéide*. Et la torture de la jeunesse continue. Nous en avons un vivant témoignage sous nos yeux, car il y a justement à bord un gentil garçon, que son impitoyable papa met quotidiennement au supplice en l'obligeant à traduire, tous les jours, une page de l'*Enéide*, et qui, certainement, préférerait galoper avec ses jambes plutôt qu'avec son bouquin « dans les champs où fut Troie ».

Phot. V. B.

L'ILE DE TENEDOS
« *Notissima fama insula.* » (Virgile.)

Voici maintenant Ténédos, à une faible distance du rivage troyen : *Est in conspectu Tenedos.* La description du poète est exacte. Il n'y faut ajouter que le vieux château turc qui domine le petit port de l'île de ses murs crénelés. C'est derrière cette île que les Grecs, simulant l'abandon du siège de Troie, se cachèrent, pendant que ces nigauds de Troyens introduisaient dans leurs murs le fameux cheval de bois aux flancs bourrés de guerriers, malgré les tristes prévisions de cette infortunée Cassandre que personne ne croyait. *Timeo Danaos et dona ferentes.* C'est de cette île que vinrent les fameux serpents dont Laocoon et ses fils furent les tragiques victimes.

* * *

Ne nous éloignons pas de ces rivages célèbres sans nous rappeler saint Paul, qui relâcha plusieurs fois à Troas dans ses nombreux voyages. C'est à Troas qu'il reçut de Dieu, dans une vision, l'ordre d'aller évangéliser les Macédoniens. Dans une autre circonstance, ayant réuni les fidèles de Troas, il prêcha toute une nuit, et il endormit si bien un de ses auditeurs, Eutyche, que ce malheureux, assis sur une fenêtre pour mieux respirer, se laissa choir de la hauteur d'un troisième étage et se tua sur le coup. Saint Paul le ressuscita, ce que ne sauraient faire tous les prédicateurs d'éloquence intarissable.

Phot. V. B.

A L'ILE DE RHODES
Fort Saint-Nicolas avec jetée et moulins à vent.

Désormais, jusqu'en Syrie nous marchons sur les traces du grand Apôtre, voguant sur les mêmes eaux que lui, suivant à peu près le même itinéraire : Mitylène, Chio, Ephèse, Milet, Cos, Rhodes, Chypre; partout nous trouvons son souvenir. Le Père directeur nous fit plusieurs conférences fort instructives sur les diverses missions de saint Paul, et le voisinage des lieux qu'avait évangélisés l'Apôtre, et que nous pouvions contempler du regard quand nous ne les foulions pas sous nos pieds, ajoutait un puissant intérêt aux descriptions locales et aux données historiques.

Il est bien certain que les souvenirs de saint Paul, de saint Jean, des héros du christianisme naissant, dominent de beaucoup tout ce que le paganisme enfanta d'illustre.

* * *

Nous doublons bientôt l'île de Mitylène, la voluptueuse Lesbos des anciens, que scandalisa Sapho. Nous laissons là-bas, à notre gauche, Phocée, la mère de Marseille. Plus loin, au fond de son golfe, s'abrite la commerçante Smyrne que saint Polycarpe édifia et arrosa de son sang, et d'où nous vinrent saint Pothin et saint Irénée, les apôtres de la Gaule lyonnaise. Puis c'est Ephèse, où saint Jean vécut de longues années, qui se cache derrière l'île de Samos, la patrie de Pythagore. Nous retrouverons encore saint Jean à Pathmos; mais nous longeons l'île de l'Apocalypse pendant la nuit, tandis qu'un orage emplissait tour à tour de ténèbres et d'éclairs ces lieux où saint Jean eut ses mystérieuses visions.

Le lever du soleil met à nu la silhouette osseuse de la Caramanie, qui détache vers nous les presqu'îles tourmentées d'Halicarnasse et de Cnide. Entre ces longs bras secs comme des squelettes s'enfonce le golfe de Céramique qui va se perdre dans une brume dorée. Nous naviguons à travers une profusion d'îles rocheuses et désertes, débris d'un continent mis en pièces, qui paraissent émerger des flots bleus uniquement pour embellir le paysage : c'est le luxe de la décoration.

Rhodes.

Nous y sommes à midi, et on nous accorde jusqu'à 6 heures du soir pour visiter la ville.

L'île et sa capitale sont provisoirement (?) occupées par les Italiens, qui la tiennent en gage jusqu'à ce que le dernier Turc de la Lybie ait définitivement déménagé de leur dernière et solennelle annexion. C'est ce que stipule le traité de Lausanne, et l'Italie se ferait un grand scrupule de violer ce traité. Aussi elle surveille très attentivement les Turcs de la Lybie, et pour être plus certaine qu'il y en reste encore, il est probable qu'elle leur fait de belles rentes pour les y entretenir. Quoi qu'il en soit, elle détient toujours Rhodes, et il nous a fallu l'autorisation du gouverneur militaire, le général Ameglio, pour y débarquer, autorisation qui du reste nous a été très gracieusement accordée. Deux gendarmes italiens montent à bord pour faire la police des marchands indigènes qui viennent s'établir sur le pont avec leur pacotille.

Tout le monde descend, et les groupes s'organisent sous la direction des Frères des Ecoles chrétiennes pour admirer les curiosités de la ville.

De nombreux récits de pèlerinages ont décrit abondamment les merveilles de Rhodes, qui offre la vision d'une ville forte du xve siècle, dont les remparts sont restés à peu près tels qu'au jour du dernier assaut. Nous n'insisterons pas. Disons seulement que l'attrait de Rhodes, ce sont ses vieilles murailles franques et sa fameuse rue des Chevaliers. L' « auberge de France », antique demeure des « prieurs » de notre pays, vient d'être acquise par notre ambassadeur de Constantinople qui l'a offerte à son gouvernement. Cette difficile opération — surtout sous les nouveaux maîtres — s'est accomplie avec une dextérité tout orientale, et un beau matin le gouvernement français s'est trouvé légitime propriétaire d'un monument si précieux pour son patrimoine national. Et aussitôt ont commencé les restaurations sous la direction d'un habile architecte, doublé d'un peintre et d'un archéologue, qui cherche à redonner à l'antique demeure tout son lustre primitif sans lui rien enlever de la patine des ans. Ce sera un véritable travail de savant et d'artiste. Nous l'avons vu en bonne voie d'achèvement.

Le consul de France nous fit l'honneur de venir passer une heure à bord avec nous et ne nous quitta qu'au moment du départ. Il fut témoin de la prise de Rhodes par les Italiens et il nous donna quelques détails sur cet exploit qui vit 10000 assaillants venir aisément à bout d'un millier de défenseurs. Il a su maintenir avec habileté et énergie les droits de la nation protectrice pendant cette période troublée que traverse l'île.

Au coucher du soleil, l'*Etoile* lève l'ancre et met le cap droit sur Beyrouth, laissant derrière elle Rhodes qui s'enfonce lentement dans la nuit.

Il nous restait trente-six heures de traversée avant d'aborder en Syrie.

Phot. V. P.

UNE PORTE DE RHODES
M. le comte de Piellat au centre.

II. — DE BEYROUTH A TIBÉRIADE

par le Liban et Damas.

Beyrouth.

Le mardi 2 septembre, nous sommes de bon matin en face de Beyrouth, mollement couchée dans une brume transparente comme une gaze légère.

Pendant que l'aurore « aux doigts de rose » ouvre discrètement là-haut, aux premiers étages du ciel, les fenêtres de l'Orient, par-dessus les crêtes du Liban qui sont comme le balcon de son palais, nous apercevons plus bas, sur les flancs de la montagne, d'épais nuages zébrés d'éclairs. Est-ce encore un orage qui nous attend? Heureusement il ne nous attend pas et se décharge sur Beyrouth avant notre débarquement. Le soleil reprend vite ses droits, et nous y gagnerons de trouver la ville un peu débarbouillée.

Nous allons donc mettre le pied sur le sol asiatique. Ce n'est pas encore la Terre Sainte, puisque le peuple de Dieu ne s'implanta jamais ici, mais ces pays eurent avec Israël des relations constantes, tantôt pacifiques, tantôt belliqueuses, et ce voisinage attira sur eux l'attention particulière du Seigneur. Jéhovah daigna leur faire entendre ses menaces et les châtier. Jésus, malgré la résolution de ne pas « jeter aux chiens le pain des enfants », accorda la faveur d'un miracle à cette pauvre Chananéenne désolée, qui était « sortie des confins de Tyr et de Sidon » pour implorer la guérison de sa fille. (*Matt.* xv.)

D'ici, Hiram roi de Tyr, ami de Salomon, envoya les bois précieux pour la construction du Temple et d'habiles artisans pour le travailler. Il reçut en échange vingt villes ou villages de la Haute-Galilée.

Les cités de ces rivages furent l'objet des prédictions des voyants d'Israël. A l'horizon, vers le Sud, se détache le rocher où fut Tyr. Il reste seul témoin de la malédiction de Jéhovah clamée par la grande voix d'Ezéchiel : « Je viens à toi, Tyr! Je vais soulever contre toi des nations nombreuses, comme la mer soulève les flots. Elles détruiront les murs de Tyr et abattront ses tours, et je ferai d'elle un rocher nu. » (*Ez.* xxvi, 3, 4.)

Plus près de nous, au Nord, c'est la divine Byblos, le sanctuaire mystérieux des déesses nocturnes, les Astarté et les Aschera, démons de la volupté. De Byblos, comme de Tyr, tout est exterminé, jusqu'à la poussière : *radam pulverem ejus de ea.* C'est exact à la lettre.

Nous distinguons à travers le léger rideau que forme la pluie l'embouchure du *Nahr-el-Kelb*, le fleuve du Chien. C'est le *Lycos* (loup) des Grecs. Le changement de nom laisserait croire que ce cours d'eau s'est domestiqué. Il devait peut-être son nom de fauve aux envahisseurs de jadis qui l'ont si souvent franchi. Le rocher qui s'avance avec lui dans les flots est une page d'histoire où les nombreux conquérants qui sont passés entre ce promontoire et la mer ont gravé leurs noms et leurs exploits. Les Egyptiens des Pharaons antérieurs à Moïse y ont taillé trois stèles, les Assyriens six. Marc-Aurèle y a sculpté la sienne, et les kalifes arabes ont suivi son exemple. Ce sont les archives de toute l'antiquité armée. La dernière inscription, d'une modernité outrageante relativement aux anciennes, date de 1860 et porte les noms de Napoléon III, de Beaufort-d'Hautpoul, d'Osmont, de Ducrot et des régiments français qui vinrent pacifier le Liban après les massacres. Elle voisine avec les Rhamsès, les Téglathphalasar, les Sennachérib, mais elle annonce des desseins plus bienfaisants, et c'est une gloire meilleure.

Pendant que, l'œil rivé sur ces rocs immobiles et témoins de tant de choses, nous contemplons le défilé des grands noms de l'antiquité et des peuples disparus, notre bateau s'est avancé jusque dans le port, et nous voilà de bonne heure dans l'antique *Berytus* dont il ne reste rien.

La Beyrouth moderne, vue du large, a un aspect européen et banal. Elle ne fait pourtant pas mauvaise figure avec ses maisons peinturlurées de couleurs éclatantes, entremêlées d'arbres d'un vert intense au-dessus desquels se balancent, comme de grands éventails, les panaches de quelques palmiers. Mais, vue de près, elle est sale, cahoteuse,

VUE GÉNÉRALE DE BEYROUTH ET DU LIBAN

bizarre, avec son mélange de grands édifices, de hautes maisons et de cahutes vermoulues.

La matinée est consacrée aux excursions. C'est amplement suffisant pour voir les curiosités de la ville, dont le principal attrait est la célèbre Université des Pères Jésuites, que nous visitons en détail.

Phot. Dr Faucon.

DÉPART POUR LE LIBAN

La population musulmane est en fête : c'est le premier jour du *Bairam*, la grande réjouissance qui clôt le Ramadan ou Carême musulman. Les cafés sont encombrés de mahométans silencieux, humant le café, fumant le narghilé, ne pensant à rien. Ce « Kief » durera trois jours. Sur la grande place un alignement de balançoires offre aux garçons et fillettes une gymnastique facile, pendant que d'autres font du bruit avec des trompettes de deux sous ou des tambourins. Ils n'aiment pas les jeux fatigants. Leurs habits multicolores et chatoyants sont tout flambant neufs. C'es l'époque où tout bon musulman renouvelle sa garde-robe, s'il en a les moyens.

A travers le Liban.

Nous retournons à bord pour déjeuner et à midi un train spécial nous emporte vers Baalbek et Damas.

Il faut franchir le Liban et l'ascension est rapide. Le petit chemin de fer à crémaillère trotte menu avec un petit air important, et escalade la montagne d'une allure vive, pimpante, bruyante, qui a quelque chose de gracieux et de triomphant tout à la fois. C'est un alpiniste de profession. Les lacets se succèdent jusqu'à l'altitude de 1400 mètres, élargissant

Phot. Goudard.

DANS LE LIBAN

toujours l'horizon de l'étincelante mer jusqu'aux limites où l'œil indécis la confond avec le ciel. La ville de Beyrouth que nous surplombons s'éloigne peu à peu et prend l'aspect d'une miniature. Elle est magnifiquement éclairée au milieu de son oasis, et les détails de ses rues et de ses maisons ressortent avec netteté.

Sur nos têtes planent deux aigles superbes. Est-ce la vision d'Ezéchiel? » Un grand aigle aux vastes ailes, à la large envergure, au plumage touffu et varié, vint au Liban et enleva la moelle d'un cèdre, il arracha le plus élevé de ses rameaux. » (*Ez.* XVII, 3.)

Quant aux cèdres — les fameux cèdres de Salomon, — ils ne sont pas dans cette région; leur habitat est plus au Nord, sur les pics du Sannin, et nous n'en voyons aucun.

Nous arrivons à l'autre versant de la montagne et aussitôt se déroule devant nous la vaste plaine de la Cœlésyrie ou Syrie creuse, splendidement encadrée par les chaînes parallèles, massives, abruptes, du Liban et de l'Anti-Liban, qui courent du Nord au Sud. L'Anti-Liban se termine brusquement à droite, par le sommet majestueux du Grand-Hermon, sorte de Belvédère d'où le regard plonge sur toute la Palestine, et qui envoie dans le lac de Tibériade et la mer Morte le Jourdain sorti de ses entrailles. La Cœlésyrie (la *Békaa* moderne) est à une altitude moyenne de 1 000 mètres. Plate, rougeâtre, grasse, plantureuse, sa fertilité est proverbiale. Toute verdoyante de riches moissons au printemps, elle est actuellement d'une morne tristesse après l'impitoyable soleil d'été qui a grillé jusqu'au dernier brin d'herbe et crevassé le sol à 50 centimètres de profondeur. Aucun arbre dans ces landes désertes où errent quelques mélancoliques troupeaux à la recherche des chaumes des dernières moissons. Plusieurs campements de Bédouins étalent çà et là leurs tentes basses aux ailes noires, semblables à de gigantesques chauves-souris. On pourrait cependant avec un peu d'industrie tirer un meilleur parti de ces terres. Les Jésuites l'ont bien prouvé dans leur ferme-modèle de Tanaïl, où la vigne, les arbres fruitiers, les céréales, le fourrage, les cultures maraîchères prospèrent à ravir. Ils tâchent de sortir les Arabes de leur routine; c'est une rude entreprise.

Phot. Goudard.

UNE DES GORGES DU LIBAN

En débouchant dans la plaine, nous avons dû quitter notre train spécial, qui nous attendra à Rayac jusqu'à demain, pour prendre la ligne qui monte vers le Nord jusqu'à Homs et Alep, en passant par Baalbek. Ce changement est nécessité par la différence d'écartement de la voie: la ligne de Beyrouth à Damas est à voie étroite, tandis que celle-ci est à voie normale.

Baalbek.

Nous y arrivons à 6 heures du soir, et les pèlerins sont distribués dans les trois hôtels.

PANORAMA

Baalbek est blottie dans un îlot de verdure, au pied d'un contrefort de l'Anti-Liban, et elle ne doit sa célébrité qu'au temple de Baal ou du Soleil, dont les ruines prodigieuses sont un objet de stupeur.

Le lendemain matin — après la messe du pèlerinage célébrée dans la cathédrale des melchites que Mgr l'évêque de Baalbek met à notre disposition, — nous visitons ces fameuses ruines. Ce sont des débris fabuleux. Inutile de chercher à les décrire. La photographie même est incapable d'en donner une idée exacte.

L'admiration des archéologues s'est longtemps méprise à leur sujet, car, dans ses recherches, elle s'est souvent guidée par ce principe, que plus c'est grand, plus c'est ancien, et elle attribuait aux Phéniciens, aux Chananéens, à quelque race inconnue, ces constructions qui déconcertent la raison. Que de ruines dites « salomoniennes » n'ont que ce titre à faire valoir! D'autres savants, épris de la civilisation et de la puissance de Rome, comme le P. Germer-Durand, partent, au contraire, de ce principe que plus c'est colossal, plus c'est romain, et forts d'un certain flair archéologique, démolissent toutes les antiques légendes d'Hiram, de Salomon, de la reine de Saba, pour les rajeunir jusqu'à l'époque impériale. Dans le cas présent, ils ne se sont pas trompés : c'est bien aux Césars de Rome, aux Antonins que les inscriptions trouvées dans les fouilles, font honneur de cette gigantesque Héliopolis. Le culte solaire remonte sans doute à des temps plus reculés, et il y a eu ici un temple dédié à Baal, de longs siècles avant la conquête des Romains, mais ceux-ci le trouvèrent indigne du dieu oriental, le rasèrent, et, sur son emplacement élevèrent à Hélios le temple gréco-romain, dont les dimensions et la magnificence jettent un défi à l'imagination. Pour soubassement, rien que trois assises de pierres, mais quelles pierres! Elles ont 20 mètres de longueur sur 4 ou 5 d'épaisseur dans tous les sens. Du temple du Soleil auquel elles servent de sub-

DE BAALBEK

struction, il ne reste que six colonnes debout avec leurs chapiteaux, leur architrave et leur frise, mais ces colonnes sont presque aussi hautes que la colonne Vendôme. Quels prodigieux bâtisseurs étaient donc ces Romains! Ils ont laissé, on ne sait pourquoi, dans la carrière à un kilomètre d'ici, un bloc effrayant, pareil à ceux des trois assises, tout taillé sur trois faces et adhérant au banc de rocher par la quatrième. Il reste là comme un témoin du procédé d'extraction et il est probable qu'il y restera longtemps. Mais par quelle force inconcevable a-t-on pu transporter les autres jusqu'aux murailles et les hisser à leur place?

L'Anti-Liban.

A midi, le chemin de fer d'Alep nous ramène de Baalbek à Rayac où nous attend notre train spécial qui nous déposera ce soir à Damas.

Le déjeuner nous est servi à 1 heure au buffet de Rayac, et à 2 heures nous retrouvons nos places de la veille dans notre petit train à crémaillère qui s'engage aussitôt dans l'Anti-Liban. Nous grimpons jusqu'au col par l'ouadi Yahfoufah, qui roule ses eaux murmurantes au milieu d'un ruban de verdure. Il y a juste place pour le torrent et la voie ferrée au fond de la gorge très étroite. Au sommet de la montée, après avoir atteint la ligne de partage des eaux, nous parcourons pendant une quinzaine de kilomètres, du *Djisr-Roummanèh* (pont de la Grenade) à Zebdani, une vallée centrale moins large que la Cœlésyrie, encadrée de montagnes moins abruptes, parce qu'elle est elle-même plus élevée (1 300 mètres d'altitude en moyenne), mais tout aussi féconde et plus riante avec ses beaux arbres et ses belles cultures.

A partir de Zebdani, nous côtoyons le Barada jusqu'à Damas. La rivière, qui prend sa source non loin d'ici au milieu des nénuphars et des roseaux dans une gorge qu'on aperçoit du chemin de fer, devient aussitôt

Phot. J. B.

RUINES DU TEMPLE DE JUPITER A BAALBEK

un torrent impétueux. Il bouillonne avec fracas dans son lit rocailleux, sous un épais rideau d'arbres fruitiers, de saules, de riants jardins qu'étranglent d'âpres parois nues et décharnées. Le contraste est saisissant entre cette frondaison luxuriante et cet aride désert jaunâtre qui en arrête brusquement l'essor. C'est le Barada qui fait circuler la vie; partout où il n'atteint pas, c'est la mort. Le mugissement de ces cascades nous accompagne jusqu'à Damas.

Le Barada est l'*Abana* de la Bible, et on comprend, en écoutant la chanson de ses eaux claires, l'indignation de Naaman, général des armées syriennes, qui était allé de Damas en Palestine pour demander à Elisée la guérison de sa lèpre, quand il entendit le prophète lui ordonner de se laver sept fois dans les eaux limoneuses du Jourdain. Naaman répliqua avec dédain : « Est-ce que l'Abana et le Pharphar, fleuves de Damas, ne sont pas meilleurs que toutes les eaux d'Israël, pour que je m'y lave et sois purifié? » (*IV Reg.* v, 12.)

LA PIERRE RESTÉE DANS LA CARRIÈRE A BAALBEK

VUE GÉNÉRALE DES RUINES DE BAALBEK

Phot. V. B.

INTÉRIEUR D'UN MOULIN A BAALBEK

sordides. Il y a cependant un quartier assez bien entretenu, c'est celui où nous allons prendre logement, près de la place du Sérail. Les meilleurs hôtels — les seuls de Damas, pourrait-on dire — se sont établis ici sur les bords du Barada, dont les eaux rapides et abondantes sont endiguées entre deux quais plantés d'arbres. Il y a aussi quelques monuments remarquables, des mosquées, des médréséhs, des caravansérails qui offrent de beaux spécimens de l'art arabe, de riches maisons dont l'opulence et le luxe, dignes des contes des *Mille et une Nuits*, s'abritent derrière des murs à l'aspect misérable; mais tout cela est perdu dans un labyrinthe grossier et malpropre. C'est bien la perle dans le fumier.

Damas.

Aux approches de Damas, les vergers d'abricotiers se peuplent de villas, la route se couvre de promeneurs à pied, à cheval, en voiture et même en automobile: tout annonce le voisinage d'une cité populeuse. Puis la vallée s'élargit tout à coup, les jardins s'étendent au loin, formant à la ville une ample ceinture verdoyante et touffue. Voici Damas, *Damméséq*, demeure de l'arrosage, comme l'appelaient les Hébreux. C'est exact, l'eau circule partout. Les Arabes l'appellent la « perle de l'Orient ». C'est moins vrai, mais tout est relatif. Pour nous, Occidentaux, cette perle est ensevelie dans un tas de fumier.

Toutefois, vue des hauteurs de *Salagieh*, Damas ressemble bien à un joyau serti dans un féerique écrin de verdure; mais, quand on la parcourt, elle perd singulièrement de son prestige, avec ses ruelles étroites, tortueuses, infectes, ses innombrables mosquées à demi ruinées, ses échoppes en bois vermoulu, ses amas de maisons croulantes construites avec de la boue et de la paille hachée, ses longues avenues abritées contre le soleil par des planches et des loques

Souvenirs.

Mais, pour le pèlerin, Damas offre un intérêt puissant: son histoire, ses souvenirs.

La ville, très ancienne, remonte presque au déluge. Elle aurait été bâtie par un arrière-petit-fils de Noë, Uz, fils d'Aram, petit-fils de Sem. Abraham la trouva sur son passage en se rendant de Mésopotamie en Palestine, et son serviteur Eliézer était de Damas. Plus tard, il poursuivit jusqu'au nord de Damas et défit à Hoba Chodorlahomor, roi d'Elam,

Phot. Goudard.

LA BARADA A SON ENTRÉE A DAMAS

Phot. A. D.

DAMAS DANS SON NID DE VERDURE

et ses alliés, qui étaient descendus faire des razzias jusqu'à Sodome et avaient enlevé Loth, neveu d'Abraham, et tous ses biens.

David châtia Damas qui avait envoyé du secours à son ennemi Adarézer, roi de Soba, imposa à la ville un tribut et une garnison de ses propres soldats. Achab, roi d'Israël, exigea encore davantage; après avoir vaincu et fait prisonnier Bénadad II à Aphec, il força Damas à donner aux Israélites un quartier à eux. C'est probablement le quartier juif actuel (*III Reg.*, xx.)

Le même Bénadad, ayant constaté la guérison de son général Naaman par le prophète Elisée et étant tombé malade lui-même, envoya à l'homme de Dieu son officier Hazaël pour le consulter sur sa propre guérison. Elisée prophétisa la mort du roi et l'élévation d'Hazaël au trône. Hazaël se chargea de réaliser la prophétie : il assassina Bénadad II et s'empara du pouvoir. Ensuite il guerroya toute sa vie contre le peuple de Dieu et légua même à ses successeurs cette humeur batailleuse. Il marcha contre Joram, roi d'Israël, qui fut blessé dans un combat (*IV Reg.* VIII, 28-29); contre Joas, roi de Juda, qui l'éloigna de Jérusalem à prix d'argent (*IV Reg.* XII, 17-18); contre Jéhu, successeur de Joram; mais celui-ci fit alliance avec Salmanazar II, roi d'Assyrie, qui s'empara de Damas et la rendit tributaire. Puis commence la décadence de Damas. Les Assyriens la dévastèrent sous Bénadad III, fils d'Hazaël.

Son successeur, Rasin II, fit alliance avec Phacée, roi de Samarie, contre Achaz, roi de Juda, et ils marchèrent ensemble sur Jérusalem : « Ne crains pas ces deux bouts de tison fumant de colère et de fureur, disait Isaïe à Achaz; leur dessein ne subsistera pas, leurs pensées n'auront point de suite. » Ces deux « tisons », en effet, n'allumèrent aucun incendie, sinon contre eux-mêmes. Achaz fit appel contre Rasin à Téglathphalasar III, roi d'Assyrie, qui « monta contre Damas, la prit, en emmena les habitants en captivité à Qir et fit mourir Rasin ». (*IV Reg.* XVI.) Le successeur de Téglathphalasar, Salmanasar, marcha à son tour contre Samarie « et emmena Israël captif en Assyrie ».

Ainsi s'accomplissaient les prophéties très précises d'Amos et d'Isaïe contre Damas et Samarie : « Le peuple de Syrie sera transporté à Qir. » (*Amos* II, 5.) « Damas va cesser d'être une ville et sera comme un monceau de pierres d'une maison ruinée. » (*Is.* XVII, 1.) « Dans soixante-cinq ans, Ephraïm périra et cessera d'être au rang des peuples. » (*Is.* VII, 8.)

Ce fut pour rassurer Achaz contre l'invasion de Rasin et le convaincre de la toute-puissance de Dieu que le prophète annonça au roi de Juda le stupéfiant prodige qu'aucune imagination n'aurait osé inventer : la naissance de l'Emmanuel enfanté par une Vierge (*Is.* VII).

Damas redevint une cité florissante sous l'empire des Perses. Avant la bataille d'Issus,

Darius y abrita ses trésors. Elle passa au pouvoir d'Alexandre le Grand et des Séleucides et devint la seconde ville de la Syrie après Antioche. La guerre de Pompée contre Mithridate la soumit aux Romains, qui en confièrent l'administration au roi nabathéen Arétas, sous leur suzeraineté. Cette dynastie arabe dura cent soixante-dix ans, de 64 avant Jésus-Christ à 105 après Jésus-Christ. Lors de la conversion de saint Paul, les Juifs formaient à Damas une communauté importante et jouissaient d'une grande influence sur l'ethnarque qui gouvernait la ville au nom d'Arétas IV. Ils le poussèrent à se saisir du nouveau converti qui s'échappa par une fenêtre du mur de la ville, à l'aide d'une corbeille dans laquelle il fut descendu.

Phot. A. d'Esprées.

LA DANSE DU SABRE
A UNE STATION ENTRE DAMAS ET SÉMACK

Ces notes historiques, un peu longues peut-être et pourtant fort incomplètes, prouvent les relations constantes de Damas avec le peuple de Dieu et nous jettent sinon en Terre Sainte, du moins en pleine Histoire Sainte.

Le nom de Damas retentit souvent dans la Bible, et presque tous les prophètes se sont occupés d'elle pour lui faire entendre ses destinées futures. Ce sont souvent des menaces et l'annonce de châtiments : *Onus Damasci*.

* *

Après Notre-Seigneur, Damas passa de la domination des empereurs de Byzance à celle des kalifes de l'Islam, qui n'ont plus cessé d'y régner. La dynastie des Ommiades y transféra le siège de son gouvernement (681). Les Croisés ne purent jamais s'emparer de Damas, malgré la victoire douteuse de Baudouin II, sous les murs de la ville (1126), malgré l'expédition de Conrad VII, empereur d'Allemagne, et de Louis III, roi de France, unis pour la seconde Croisade (1148), et malgré une dernière tentative des Francs en 1177.

Elle fut pour le royaume chrétien de Jérusalem ce qu'elle avait été jadis pour le royaume d'Israël et de Juda, le fléau de Dieu; mais aucun prophète, depuis les voyants d'Israël, n'a prononcé sur elle l'*Onus Damasci*, annonçant les vengeances de Jéhovah. Elle continue à être la reine du désert, mais une reine mal attifée. Après tant de sacs, d'incendies, de ruines, sa couronne de gloire gît parmi les haillons. Les Assyriens, les Mèdes, les Egyptiens, les Romains, les Sarrasins, les Turcs l'ont ravagée tour à tour. L'Islam, qui la tient encore sous le joug, donna le dernier coup à ses splendeurs chrétiennes, et le seul monument vraiment digne d'attention est l'ancienne basilique de Saint-Jean, encore debout grâce à la profanation musulmane qui l'a transformée en mosquée.

La mosquée des Ommiades.

C'est une ancienne basilique chrétienne, transformée et agrandie par le calife Oualid Ier (705-715), qui elle-même fut construite par l'empereur Arcadius (395-408), avec les matériaux et sur l'emplacement d'un temple païen qu'il détruisit. C'était probablement le temple de Remmon, la principale divinité de Damas, qu'on appelait encore Hadad, ce qui expliquerait le nom de plusieurs anciens rois, prêtres du dieu (Ben Hadad, fils de Hadad). Lorsque Naaman eut été miraculeusement guéri de la lèpre, il eut quelque scrupule d'accompagner le roi au temple de Remmon, comme l'exigeait sa charge, car il avait promis de n'adorer désormais d'autre dieu que le Dieu d'Israël. « Toutefois, dit-il à Elisée, que Jéhovah pardonne ceci à ton serviteur, quand mon maître entre dans la maison de Remmon pour y adorer et qu'il s'appuie sur ma main, je me prosterne aussi dans la maison de Remmon; daigne Jéhovah pardonner à ton serviteur lorsque je me prosternerai dans la maison de Remmon. » Elisée lui dit : « Va en paix. » (*IV Reg.* v, 18, 19.)

Nous faisons un peu comme Naaman en entrant dans la maison d'Allah. Nous n'allons pas nous y prosterner, mais il faut nous déchausser sans rémission, non seulement pour visiter la mosquée, mais même pour mettre le pied dans la vaste cour qui la précède en forme de carré long entouré d'arcades. Les imams montent une garde impitoyable, ils nous obligent même à poser nos chaussures hors du seuil, au milieu des flaques de boue. La semelle de nos souliers ne doit pas frôler le dallage de l'enceinte, mais nous pouvons y transporter toute la fange de Damas, pourvu qu'elle soit attachée à nos bas. Voilà de singulières rubriques.

On aperçoit encore des vestiges de l'enceinte primitive du temple et de ses portes triomphales. Un récent incendie a débarrassé les grandioses colonnes de l'Ouest des maisons et des échoppes dans lesquelles elles étaient enclavées. Des maçons y travaillent au milieu d'une fourmilière de passants qui se bousculent en hurlant parmi les matériaux, les échafaudages, les tas de mortier, les tas de poussière. C'est un encombrement indescriptible, et l'arrivée de nos 150 pèlerins au milieu de cette Babel et de nos nombreuses voitures qui obstruent toutes les issues n'est pas de nature à diminuer la confusion.

La basilique chrétienne était dédiée à saint Jean-Baptiste, pour lequel les musulmans ont un culte. Dans l'intérieur de la mosquée actuelle, un bel édicule de marbre blanc, orné de grilles en bronze doré et couronné d'un dôme, s'élève, au dire des musulmans, sur le caveau qui renferme la tête du précurseur.

On montre, attenant à l'enceinte, le tombeau de Saladin, le héros musulman de la troisième croisade, sultan d'Egypte et de Syrie. Il mourut à Damas en 1193, et on lui a construit un superbe mausolée orné de faïences précieuses. En 1898, l'empereur d'Allemagne crut bon de déposer une couronne de lauriers sur la tombe de ce fils du prophète. Les mânes des anciens chevaliers teutoniques ont dû trouver étrange ce geste du Lohengrin.

Souvenirs de saint Paul

Les souvenirs de saint Paul sont les plus précieux pour nous à Damas et éclipsent tous les autres, bien qu'ils ne soient marqués par aucun beau monument. C'est ici que le grand Apôtre fut baptisé et débuta comme prédicateur. On montre dans la rue qui prolonge le *Souk-el-Taouil*, le *bazar Long*, l'emplacement de la maison de Jude, ce Juif chez qui le nouveau converti fut conduit par ses compagnons de voyage, et où il passa trois jours en prière, aveugle, sans manger ni boire. Nous sommes au *Vicus rectus* dont parlent les *Actes :* « Le Seigneur dit à Ananie : Lève-toi et va à la rue Droite, chez Jude ; tu y trouveras un homme de Tarse, nommé Saul, qui est en prières. » Ananie, après quelque hésitation, car il connaissait cet homme comme un violent persécuteur, vint trouver le jeune pharisien dans la maison de Jude et lui dit : « Saul, mon frère, le Seigneur qui t'est apparu dans le chemin par où tu venais m'envoie pour te rendre la vue et remplir ton âme de l'Esprit-Saint. » Et il étendit les mains sur la tête du converti, et celui-ci sentit tomber de ses

Phot. Laborie.

COUR INTÉRIEURE DE LA MOSQUÉE DES OMMIADES, A DAMAS

yeux comme des écailles, et, regardant son bienfaiteur, il reconnut en lui l'homme que Jésus lui avait montré en esprit. Et Ananie le baptisa ici même. On montre aujourd'hui à la place de la maison de Jude une misérable petite mosquée qui remplacerait une ancienne église. Elle est au bord de la seule rue Droite de Damas, le *Vicus rectus* des *Actes*, sans aucun doute, orné jadis de portiques qui traversaient la ville de l'Est à l'Ouest. On aperçoit, çà et là, le long de la rue moderne, quelques colonnes de ces antiques galeries envahies par les maisons.

* * *

Après avoir parcouru un labyrinthe de ruelles cahoteuses, on arrive à la maison

Phot. A. D.

LE MUR DE SAINT PAUL, A DAMAS

d'Ananie. Par une petite cour on descend dans une crypte. C'est là. Evidemment, cela ne peut représenter que la cave de la maison. L'actuelle chapelle catacombale, pauvre et petite, desservie par les Pères Franciscains de la Custodie, est comme un vivant témoignage de l'époque des persécutions et des modestes commencements du christianisme.

Autour des vieux remparts, on montre la *tour Saint-Paul*, débris d'une puissante tour carrée dont la base est formée de blocs taillés en bossage. Elle garde le souvenir de l'évasion de l'Apôtre. « Les Juifs avaient formé le dessein de tuer le nouveau converti. On gardait les portes jour et nuit afin de le mettre à mort. Mais les disciples le prirent pendant la nuit et le descendirent par la muraille dans une corbeille. » (*Act.* IX, 24-25.) Saint Paul lui-même confirme ce fait dans la seconde Epître aux Corinthiens (XI, 33), et ajoute un détail, à savoir que c'était « l'ethnarque du roi Arétas qui faisait garder la ville » par ses soldats pour se saisir de lui.

Dans la plaine qui s'étend vers le Sud-Est, à une demi-heure environ de la muraille de la ville, on montre l'endroit présumé de la conversion de saint Paul. C'est là que Saul, le persécuteur qui venait de Jérusalem « respirant la menace et la mort contre les disciples du Christ », fut renversé de cheval, terrassé par une force divine et changé en « vase d'élection », pendant qu'une voix céleste lui disait : « Saul, Saul, pourquoi me persécutes-tu? » Aucun monument ne fixe l'endroit précis, et nous nous contentons de le regarder de loin.

Une bonne pèlerine qui est déjà venue trois fois à Jérusalem, et raconte volontiers ses aventures de pèlerinage, Mme R..., pour commémorer sans doute plus parfaitement le grand Apôtre, s'avise de faire une chute en descendant de voiture, devant la tour de saint Paul. C'est une façon comme une autre de trouver son chemin de Damas.

Malheureusement elle se casse un bras et devra rester quelques jours à l'hôpital où il faudra la conduire. Encore une ressemblance de plus avec saint Paul, qu'il fallut mener dans la maison de Jude et une aventure nouvelle à ajouter à la collection de la bonne dame.

* * *

Nous rentrons en ville par la porte de l'Orient, *Bab-el-Charki*, où aboutissait vraisemblablement l'ancienne voie romaine venant de Palestine. Elle donne sur le *Vicus rectus*, et c'est sans doute par là que saint Paul, aveugle et appuyé sur le bras de ses compagnons, entra dans la ville. La porte est vraiment de construction romaine et d'un beau travail architectural, en forme d'arc de triomphe. De ses trois baies, deux sont murées et encombrées de masures.

A 5 kilomètres au nord de la porte *Bab-Thouma*, porte de Thomas, on aperçoit le gros village de Djobar. Les Juifs y placent le lieu où Elie oignit Elisée comme prophète et où celui-ci prédit la royauté à Hazaël.

Non loin de la porte Bab-Thouma, on montre la maison de saint Jean Damascène, la gloire de Damas au commencement du VIIIe siècle. Il était de la célèbre famille des Manshour, et, malgré son christianisme militant, il exerçait une fonction publique à la cour du kalife. Comme il était un adversaire résolu et redouté des iconoclastes, les intrigues byzantines le firent passer pour un traître auprès de son maître qui lui fit couper la main droite, en attendant de lui faire trancher la tête. Mais, la nuit suivante, la Sainte Vierge lui rendit miraculeusement le membre amputé, et le kalife, reconnaissant son erreur, lui reredonna sa faveur et le rétablit dans sa charge. Il s'enferma plus tard au couvent de Saint-Sabas, en Palestine, et fut ordonné prêtre à Jérusalem. Théologien, polémiste, exégète, orateur, poète, hymnographe, son activité littéraire tient du prodige. Il est considéré comme le père de la scolastique.

Sa maison est occupée aujourd'hui par des Pères Jésuites, qui y ont établi un modeste sanctuaire en attendant la construction de la basilique projetée. Les restes antiques fort intéressants qu'on vénère en ce lieu sont de l'époque des Ommiades.

Nous consacrons toute la journée du 4 septembre à nos dévotions et à ces diverses excursions. Le matin, tout le pèlerinage se trouvait réuni pour la messe dans la grotte d'Ananie; le soir, pour le salut du Saint Sacrement, dans la maison de saint Jean Damascène.

A travers le pays de Basan.

Nous quittons Damas le 5 septembre, à 5 h. 50 du matin, après une messe dite à 4 h. 30 dans les divers hôtels où nous logeons, par faveur spéciale accordée aux Pèlerinages de Pénitence. Le salon, transformé en chapelle, voit tous les pèlerins pieusement agenouillés et un grand nombre d'entre eux faire la sainte Communion.

Notre train spécial, aux magnifiques voitures, suit la grande ligne du Hedjaz, droit vers le Sud, jusqu'à Deraa, où il bifurque pour descendre au lac de Tibériade par la vallée du Yarmouk. Nous sommes, ce matin, en plein pays biblique, dans le royaume des Amorrhéens ou Chananéens du Nord, peuplé plus anciennement par une race de géants, les *Rephaïm*. C'est par ce royaume que commença, pour les Hébreux, la conquête de la Terre promise. Ce soir, nous nous trouverons au centre même des contrées évangélisées par le divin Sauveur.

Au sortir de Damas, nous parcourons la riche plaine de Ghoulâh, couverte de jardins et de vergers, et

Phot. Goudard.

DAMAS — PORTE ORIENTALE DE L'ANCIENNE « VICUS RECTUS »

nous commençons à jouir du spectacle qu'offre le Grand-Hermon se profilant, à notre droite, dans toute sa majesté.

La voie ferrée coupe bientôt la rivière Nahr-el-Aouadj, l'ancien *Pharphar* de la Bible, qui descend de l'Hermon et va se perdre à l'Orient dans les sables du désert. Il sert aujourd'hui de frontière entre le territoire de Damas et le Hauran. Autrefois, il limitait, au Nord, l'antique royaume de Basan que gouvernait Og l'Amorrhéen, lorsque les Hébreux s'emparèrent de la terre de Chanaan. Ce roi de Basan était un géant, dernier reste de la race des Rephaïm. L'Écriture Sainte mentionne que son lit de fer, conservé à Rabbath-Ammon, avait 9 coudées de longueur et 4 coudées de largeur. Son territoire échut en partage à la demi-tribu de Manassé. Nous entrons donc ici dans le royaume des douze tribus.

Phot. V. B.

BÉDOUINS DE DERAA

Au temps de Notre-Seigneur, ces régions, diversement sectionnées, constituaient la tétrarchie de Philippe et formaient quatre provinces gréco-romaines. Nous longeons à notre droite l'Iturée, et à notre gauche la Trachonitide, le *Djedour* et le *Ledjah* modernes. Le nom de Trachonitide, qui signifie lieu rude, pays pierreux, répond à l'*Argob* de la Bible, dont le sens est analogue, « monceau de pierres ». Le sol est, en effet, couvert de pierres noires, basaltiques; c'est comme une grève de laves vomies par les cratères préhistoriques des montagnes du Hauran, qui limitent l'horizon à l'Est.

Phot. V. B.

CAMPEMENT DE BÉDOUINS DANS LA VALLÉE DU YARMOUK

Les bourgades que nous apercevons du chemin de fer conservent souvent encore des ruines romaines ou byzantines, des monuments à peine détruits, qui témoignent de leur solidité, de leur importance, de leurs richesses primitives, et aussi du beau dédain des Bédouins pour ces matériaux de premier choix, leur préférant de misérables gourbis bâtis à peu de frais ou des tentes en poil de chameau.

A El-Mousmiyèh, l'ancienne *Phaena*, capitale de la Trachonitide et évêché au IVe siècle, le *Prétoire*, bâti par la 3e légion gallique (160-169), est assez bien conservé, sauf la coupole du carré central.

A Ezra, la *Zoroa* des Romains, l'ancien baptistère construit en 515 par l'évêque Varus sert aujourd'hui d'église paroissiale pour les Grecs melchites.

La mère d'Absalon, Maaca, fille de Tolmaï, roi de Gessur d'Aram, était de ces régions-ci. On sait les tribulations que David eut à souffrir de ce fils dénaturé. Absalon, après avoir tué son frère Amnon, vint se réfugier ici, auprès de son grand-père, et y resta trois ans (*II Reg.* III, 3; XIII, 37).

A gauche, voici l'antique *Bosor;* à droite, l'antique *Raphon*, où Judas Macchabée remporta de signalées victoires. Plus loin c'est, vers l'Ouest, *Carnaïn-Astharoth;* vers l'Est, *Alima*, deux anciennes places fortes conquises également par Judas Macchabée (*I Macch.* v, 24-36).

Nous passons trop loin du tombeau de Job pour que nous puissions le distinguer. Nous le laissons sur notre droite, à une vingtaine de kilomètres, dans la région qui constituait anciennement la Batanée, patrie traditionnelle du saint patriarche à la patience proverbiale.

*
* *

Deraa, une heure d'arrêt, buffet et bifurcation. Quoique en plein désert un bon déjeuner nous attend : nos drogmans nous y servent un substantiel et appétissant repas. Nous sommes à 123 kilomètres de Damas et nous avons mis près de cinq heures pour parcourir cette distance relativement faible. Le train ne va pas vite et conserve encore quelque chose de l'allure lente des caravanes de chameaux, ces longs convois du désert remorqués par un âne, que nous rencontrons souvent et qui nous regardent avec des yeux effarés. Mais ne disons pas de mal de notre train à nous; s'il ne dévore pas l'espace, il est très confortable, et ses voitures d'un type superbe sont plus commodes et plus luxueuses que celles de nos grands rapides d'Occident.

Phot. Goudard.

SUR LE PLATEAU DU HAURAN

CONCURRENCE AU CHEMIN DE FER

La localité de Deraa, l'ancienne *Edraï* de la Bible, n'est guère qu'à un quart d'heure de distance de la gare, mais l'horaire du train ne nous laisse pas le temps d'aller la visiter. C'est dommage, car elle offre le plus beau spécimen des demeures troglodytes. Il y a plusieurs villes superposées, l'inférieure est complètement souterraine et taillée dans le roc, œuvre sans doute de cette race de géants, dont le roi Og était un des derniers descendants. C'est ici, à l'entrée de son royaume, qu'il essaya d'arrêter la marche victorieuse du peuple de Dieu, mais il périt dans un combat.

Dans la vallée du Yarmouk.

A partir de Deraa, notre train s'aiguille sur l'embranchement de Caïffa et marche vers l'Ouest. Dix kilomètres plus loin, il arrive en face de Mezrib et rencontre la ligne française de Damas à Mezrib, parallèle à la ligne ottomane que nous avons suivie. Nous voyons miroiter les eaux limpides du petit lac sur le bord duquel s'étagent les maisons de Mezrib. Dans les environs sortent de terre à gros bouillons les eaux du Nahr-el-Badjeh, formant aussitôt un ruisseau large et profond qui va tomber plus loin, en magnifique cascade, dans la vallée du Yarmouk.

Nous y descendons aussi, dans cette étonnante crevasse, sauvage, convulsée, abrupte, déserte, incendiée par un soleil torride. Jusqu'ici nous avons voyagé sur de hauts plateaux qui se maintiennent à une altitude moyenne de 600 mètres au-dessus du niveau de la mer; maintenant nous dévalons en pente rapide jusqu'au lac de Tibériade, enfoncé de plus de 200 mètres au-dessous de la Méditerranée. C'est donc une dégringolade de 800 mètres.

Avant de quitter le plateau, nous traversons le chemin des « pèlerins ». C'est une large piste faite d'innombrables sentes parallèles, qui va de Damas à La Mecque. Les pieux musulmans la parcourent à pied pour se rendre en foule au tombeau de Mahomet là-bas, au fond de l'Arabie. Le trajet est de 1 700 kilomètres. Nous savourons notre honte, nous qui prétendons être des pèlerins de la Pénitence et qui pèlerinons vers le tombeau du Christ confortablement assis en chemin de fer,

Phot. A. D.

LE TRAIN DANS LA VALLÉE DU YARMOUK

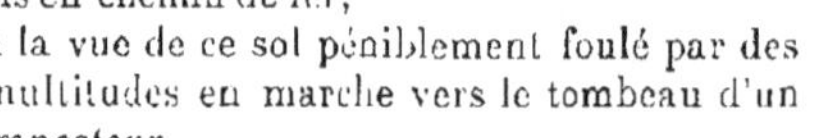

à la vue de ce sol péniblement foulé par des multitudes en marche vers le tombeau d'un imposteur.

La gorge du Yarmouk sépare l'ancien royaume de Basan du pays de *Galaad*, célèbre dans la Bible.

Les événements si curieux racontés au chapitre XXXI de la Genèse eurent lieu sur ce haut plateau. Jacob, après avoir servi pendant vingt ans, en Mésopotamie, son oncle Laban, dont il épousa les deux filles Lia et Rachel, partit clandestinement pour la Palestine avec sa famille, ses troupeaux et tous ses biens. Laban s'aperçut de cette fuite trois jours après seulement et poursuivit son neveu pendant sept jours. Il le rejoignit ici avec

Phot. A. D.

CASCADE DANS LA VALLÉE DU YARMOUK

d'amers reproches. Ils se réconcilièrent et dressèrent un monument en signe de paix : c'était un amas de pierres qu'ils érigèrent comme une borne à leurs mutuels ressentiments. Jacob lui donna un nom : *Galaad*,

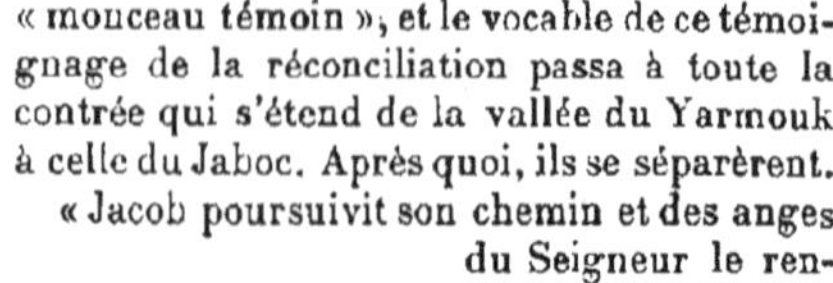

« monceau témoin », et le vocable de ce témoignage de la réconciliation passa à toute la contrée qui s'étend de la vallée du Yarmouk à celle du Jaboc. Après quoi, ils se séparèrent.

« Jacob poursuivit son chemin et des anges du Seigneur le rencontrèrent. En les voyant, il dit : « C'est « le camp » de Dieu. » Et il donna à ce lieu le nom de *Mahanaïm*, c'est-à-dire deux camps, celui de Jacob et celui de l'armée céleste. » (*Gen.* XXXII.) Mahanaïm devint une ville près des frontières de Basan. Elle fut attribuée à Gad, lors du partage de la Terre promise, et constituée en ville de refuge.

Isboseth, fils de Saül, en fit la capitale de son royaume, après que David eût été proclamé roi à Hébron ; mais, deux ans après, il y était assassiné (*II Reg.* II et IV).

A son tour, David s'y réfugia pendant la révolte d'Absalon, et c'est dans une forêt voisine que le fils rebelle périt misérablement de la main de Joab (*II Reg.* XVII et XVIII).

Une heure plus loin, c'est Thisbé, patrie du prophète Elie, souvent appelé pour cette raison Elie le Thesbite ou même le Thesbite tout court.

Dans le voisinage coule le torrent de Carith où se réfugia l'homme de Dieu et où il fut nourri par des corbeaux, qui lui apportaient régulièrement du pain et de la viande.

Ce fut encore sur ce plateau de Galaad que la fille de Jephté, victime du vœu imprudent fait par son père, vint avec ses compagnes pleurer sa virginité, pendant deux mois, avant d'être livrée au couteau du sacrificateur (*Jud.* XI).

Après avoir décrit, comme pour prendre du champ, une large boucle qui fait tourner la ligne sur elle-même et la ramène à un étage inférieur, on passe devant la superbe cascade du Nahr-el-Badjeh, qui se précipite en mugissant de rocher en rocher à travers une végétation luxuriante accrochée aux parois de la montagne. C'est la seule curiosité intéressante de cette gorge ; aussi le chemin de fer, en cicerone bien stylé, ralentit sa marche pour donner à chacun le loisir d'admirer ce coin pittoresque.

Le torrent coule ensuite dans un lit sinueux profondément encaissé où il se charge de limon en rongeant ses rives. Quelques lauriers-roses sont sa seule parure. On cherche actuellement sur ses bords des sources de pétrole, et les premiers sondages ont donné, paraît-il, des résultats pleins de promesses. Cependant les baraques construites çà et là pour les « prospecteurs » paraissent désertes, et on ne se fait guère à l'idée de voir cette morne et infernale vallée animée par le mouvement et le tapage des usines et des industries modernes.

Le reste de cette gorge est sec, rocailleux, dévasté par un soleil impitoyable. Les pierres surchauffées vous renvoient leur haleine de feu comme un four incandescent. C'est une atmosphère de flamme. Le soleil brûle ces pentes abruptes avec une telle violence que la lumière, cette seule joie des terres arides, y devient un supplice.

Ammatha.

Avant de déboucher dans la vallée du Jourdain, la gorge du Yarmouk s'élargit, pour quelques instants, en une vaste conque, par un coude brusque du torrent, et les montagnes très escarpées qui l'environnent de toute part s'arrondissent en amphithéâtre. C'est El-Hamméh, l'ancienne *Ammatha*, célèbre par ses eaux thermales. Au pied des roches basaltiques, on voit sourdre plusieurs sources sulfureuses très abondantes et très chaudes. L'une d'elles débite par seconde 1 000 litres à une température de 40° C. ; une autre 1 700 litres à 50°. Et ce ne sont pas les seules. Ces eaux, d'une limpidité de cristal, sont nauséabondes comme toutes les eaux sulfureuses. Il y a aussi des sources d'eau potable, une à 22°, qui fournit 1 500 litres par seconde; une autre à 25°, et elles sont relativement fraîches dans cette atmosphère de fournaise.

Au temps de l'occupation gréco-romaine, une ville d'eaux se construisit ici, comme le prouvent les ruines d'antiques monuments. On y voit les restes de thermes romains, d'un théâtre assez bien conservé, de temples. Tout cela est envahi par une végétation folle d'arbres et d'arbustes de toute espèce, parmi lesquels dominent les lauriers-roses.

Phot. V. B.

L'OUADI KILID ET LES FALAISES DU YARMOUK AVANT D'ARRIVER A SEMAK

La station thermale était vraiment bien placée. L'encaissement profond de ce site, la température extraordinaire des eaux, la chaleur concentrée du soleil que réverbèrent les flancs violemment surchauffés de cette gigantesque marmite, sont de nature à cuire les rhumatismes les plus réfractaires.

Ammatha était la ville d'eaux de l'antique *Gadara*, la Oumm Qeis moderne, dont on aperçoit les premières cahutes, là-haut, au sommet de la pente abrupte, à 550 mètres au-dessus de nos têtes. Gadara fut jadis une ville florissante. Des théâtres, des amphithéâtres, des basiliques, des colonnades dressent encore leurs imposantes ruines au milieu des misérables gourbis du village actuel. L'antique nécropole si curieusement taillée dans le roc, les portes de ses tombeaux finement sculptées dans le basalte et roulant encore dans leurs gonds de pierre, les arêtes ciselées dans ces durs matériaux qui gardent le fini d'un travail fait d'hier, sont un témoignage des splendeurs passées. Ces tombes servent aujourd'hui de demeure aux vivants, et ces mêmes portes qui scellaient la mort donnent passage à la vie. Les anciens avaient cru sans doute se construire des concessions perpétuelles. Les fellahs de Oumm Qeis les en ont expulsés, et ils utilisent cette nécropole vide pour eux et leurs troupeaux.

Phot. A. d'Espiées.
LES FALAISES DE SEMAK

Quant aux précieuses eaux minérales d'Ammatha, un canal les recueille et les amène toutes fumantes sur la roue d'un moulin primitif qui moud du blé; de là, elles vont grossir le Yarmouk qui, par cet apport, devient un fleuve sulfureux. Où sont donc les foules élégantes qui jadis cherchaient la santé aux bords de ces eaux et se pressaient dans les thermes et les théâtres d'Ammatha? C'est le désert, pas une tente de Bédouin, pas âme qui vive. Seuls, les chacals et les renards, les hyènes aussi, jouissent des constructions romaines où elles trouvent de faciles repaires.

Es-Semak.

Nous atteignons enfin la vallée du Jourdain et bientôt nous sommes au bord du lac. Il est 2 h. 1/2 quand nous arrivons à la petite station de Es-Semak. Là nous attend un remorqueur pour nous conduire à Tibériade. Les eaux du lac sont immobiles, pas un souffle n'en ride les flots.

Avant de nous embarquer, la direction nous fait servir un rafraîchissement. Ce n'est pas du luxe. Nous sommes absolument desséchés : notre « humide radical » s'est tout évaporé en sueur. Mais ici, pas de buffet, pas même un hangar où s'abriter contre les ardentes torches de Phébus. Chacun va puiser une grappe de raisin et un morceau de pain au fond de vastes corbeilles. Les drogmans, tenant d'une main une bouteille de vin et de l'autre une cruche d'eau, crient à tue-tête: *Moïye! Moïye!* « De l'eau! De l'eau! » On s'empresse autour de cette source d'abondance, après s'être procuré un gobelet comme on a pu. Les drogmans

Phot. V. B.
L'EMBARCADÈRE SUR LE LAC A SEMAK

versent le désiré mélange dedans ou à côté, aspergeant copieusement tout le monde. Ça rafraîchit toujours. Il fait en effet bien chaud et on est fort empêtré avec tous ces ustensiles qui ne permettent pas de déployer les ombrelles. On se réfugie le long des murs contre ce soleil sénégalien, et on rêve, en grignotant son pain et en trempant ses lèvres dans la tisane de son gobelet, à quelque confortable *five o'clock* entouré de toutes les élégances.

Bah! il s'agit bien d'élégances! Nous sommes chez les Bédouins, et à 212 mètres au-dessous de la Méditerranée. Et le lac de Tibériade, qui s'étend sous nos yeux à perte de vue, nous inspire d'autres pensées et d'autres sentiments. Elle est ravissante, cette mer de Génésareth, éclatante de lumière, dans la solitude et le silence de sa ceinture de montagnes; Jésus l'a traversée dans tous les sens, a foulé tous ses bords et même ses flots. Toutes ces plages ont retenti de sa voix. Il a passé ici en faisant le bien, semant les miracles à profusion, consolant toutes les douleurs, et sa doctrine est devenue à jamais l'espoir et la récompense de toutes les misères. Mais cette région fut sourde à la parole de salut, aussi la malédiction est tombée sur elle, et la féconde vallée, glorieuse de ses riches cités, de ses Bethsaïde et de ses Corozaïn qui s'exaltaient jusqu'au ciel, gît maintenant dans la dévastation et le désert. Aucun bruit humain ne trouble ces rivages, aucune culture ne féconde ces landes abandonnées. *Væ tibi Corozain! Væ tibi Bethsaida!*

Phot. V. B.

SUR LE LAC — EN ROUTE VERS CAPHARNAUM

Sur le lac. Capharnaüm.

Le remorqueur va partir. Il ne peut pas entasser dans ses flancs les 150 pèlerins, et on lui adjoint trois grandes mahonnes qu'il traînera, deux pour les passagers, une pour les bagages. Voici tout le monde empilé dans les embarcations et..... on ne part pas.

— Dépêchez-vous donc! On cuit dans son jus!

De fait, jamais suée pareille, de mémoire d'homme. Le soleil nous larde de ses flèches les plus embrasées. Quelle rôtissoire!

— Mais qu'est-ce qu'on attend dans cette cuve? Que nous soyons tout à fait bouillis?

Les enfants de la fournaise de Babylone avaient au moins une brise qui les protégeait contre les ardeurs de la flamme. Ici, rien que ce soleil de plomb fondu, qui nous mord, qui nous écrase, qui nous annihile.

— Partons donc! Partons donc!

Ce sont les clameurs qui montent de tous côtés avec un accent de colère, et on ne bouge pas.

— Qu'y a-t-il donc?

Il y a que le capitaine s'est avisé d'exiger un franc de plus par personne, sans quoi il nous laisse là. Le Père économe se débat comme un beau diable, ne voulant pas payer plus que le prix convenu. Il est cramoisi, les yeux lui sortent de la tête. Il crie de sa grosse voix toutes les injures arabes de son répertoire. Quand il est à court, il crie en français. Le Turc impassible attend les 150 francs de supplément. Et après une demi-heure de ce sabbat infernal, et de cette cuisson non moins infernale, il faut se résoudre à verser le supplément réclamé sans aucune raison. Après quoi, on démarre. Ah! enfin! On était à bout. Si nous étions restés un quart d'heure de plus, nous tombions épuisés, finis, au fond de nos barques, et c'est miracle qu'aucun de nous n'y ait attrapé une congestion.

— Les Turcs n'en font jamais d'autres, disait l'économe, et ce ne sont pas les traités qui les embarrassent.

***

En passant devant Tibériade, nous larguons la remorque des bagages et nous hélons une petite barque pour la descente à Capharnaüm, où nous allons tout de suite, à l'autre extrémité du lac. Le tout se fait avec force cris et perte de temps. Enfin, nous poursuivons notre route et, après avoir contemplé du large le hameau de El-Megdel, l'ancienne *Magdala*, patrie de Marie-Magdeleine, nous abordons à la rive de Capharnaüm au coucher du soleil. Le débarquement est pittoresque et mouvementé. Il n'y a ni quai ni appontement quelconque. Le remorqueur ne peut approcher de la grève caillouteuse, ni les mahonnes, à cause de leur trop fort tirant d'eau. Alors la petite barque s'interpose : on saute du remorqueur dans les mahonnes, des mahonnes dans la barque et de la barque sur les cailloux ou..... dans l'eau. On en est quitte pour quelques bains de pieds.

Le crépuscule qui tombe rapidement ne nous permet pas de nous attarder à la visite des ruines. Du reste, il n'y a à voir que les débris d'une synagogue monumentale exhumée de terre depuis quelques années par les Franciscains. Ces blocs épars sont le seul témoignage de la présence d'une ville, qu'on croit avoir été Capharnaüm. Aucune autre trace de ruines. Tout a disparu, et les antiques splendeurs de la cité gisent aux alentours sous des champs en friche. Capharnaüm détruite a été ensevelie comme un simple cadavre. Les Pères de la Custodie ont construit sur ces terres abandonnées une modeste habitation pour le gardien de ce cimetière qui vit ici solitaire et cultive un petit jardinet. « Et toi, Capharnaüm, qui t'élèves jusqu'au ciel, tu seras abaissée jusqu'aux enfers, car si les miracles qui ont été faits dans tes murs avaient été faits dans Sodome, elle serait restée debout jusqu'à ce jour. Oui, je te le dis, il y aura, au jour du jugement, moins de rigueur pour le pays de Sodome que pour toi. » (*Matt.* XI, 23.) La malédiction de Notre-Seigneur s'est si bien réalisée qu'on se demande où était l'opulente Capharnaüm tant elle a été enfouie jusqu'au fond des enfers.

***

Le retour est reposant. La nuit est venue, la brise s'est levée et nous caresse le visage fort agréablement, après la torride journée qui s'achève. Nous voguons avec délices sur le lac par cette nuit claire. Nous pensons à Jésus marchant sur les eaux et venant vers la barque des apôtres qui le prennent pour un fantôme, à saint Pierre s'enfonçant par manque de foi, à la tempête apaisée, à la pêche miraculeuse, aux prédications du Maître du haut de la barque de Pierre, à son sommeil pendant que les flots menaçent de submerger le frêle esquif, à la nacelle de l'Eglise toujours conduite par Pierre, enfin à ces poissons du lac, dont nous sommes tous, car Pierre a été fait pêcheur d'hommes, et c'est du lac qu'il nous a tirés pour nous mettre dans sa barque.

Le chapelet, l'*Ave maris Stella* accompagnent ces pieuses réflexions, et nous arrivons ainsi à Tibériade, où nous débarquons à 8 heures du soir. La *Casa Nova* des Franciscains et l'hôtel Tiberias logent tous les pèlerins, grâce à un supplément de dortoir de trente lits installés sur les terrasses des Franciscains. Les plus heureux sont ceux qui couchent à la belle étoile; eux, au moins, peuvent respirer. Les autres étouffent et suent dans les chambres. Mais comment pouvons-nous encore suer? La peau humaine est donc une source intarissable?

Tibériade.

La matinée du 6 septembre fut consacrée au sanctuaire de saint Pierre qui s'élève au bord du lac. Les messes de nos cinquante prêtres pèlerins se succèdent sans interruption. La messe solennelle du pèlerinage chantée à 8 heures groupe tout le monde dans une ferveur commune et on prie beaucoup pour le pape Pie X successeur de Pierre. Sous le porche de l'église, le IIe Pèlerinage de Pénitence plaça jadis une statue de saint Pierre semblable à celle que l'on vénère dans la basilique de Rome et qui représente l'apôtre dans toute la majesté de sa puissance et de son enseignement. Elle est bien à sa place. C'est ici que saint Pierre a reçu le pouvoir des clefs, qu'il est devenu le pasteur des agneaux et des brebis. La vaste basilique qui abrite le corps du prince des apôtres s'élève loin de ces rivages déserts, et le pasteur des âmes a établi sa demeure à Rome, centre du monde, comme un berger dresse sa tente au milieu de son troupeau. Là-bas, sur les bords du Tibre, la majestueuse coupole de saint Pierre exalte la tiare pontificale au-dessus de tous les peuples et de tous les rois. Mais c'est ici, sur les humbles bords de ce lac, que le pouvoir suprême a été conféré, après une triple confession d'amour dont les ardeurs devaient embraser l'univers. « Quand tu seras vieux, un autre te ceindra et te conduira où tu ne voudrais pas aller. » C'était à Rome, à la gloire, à la croix.

Nous méditons sur les étonnantes destinées de ce pauvre pêcheur de Galilée qui devait détrôner les orgueilleux Césars et nous promettons fidélité, soumission, amour à celui qui garde seul les clefs du Paradis.

Le Père directeur envoie en notre nom à Pie X une dépêche qui lui exprime tous nos sentiments.

Tibériade, 6 septembre.

XLVIe Pèlerinage Pénitence réuni sanctuaire *Pasce oves* Tibériade chante messe intention spéciale Souverain Pontife, renouvelle témoignage affection, obéissance pour enseignements, direction Père bien-aimé, implore Bénédiction apostolique.

Et le Saint-Père daigna nous répondre par le télégramme suivant :

Saint-Père, très touché filial hommage fidélité, dévouement, remercie et bénit de tout cœur pèlerins et familles.

Signé : Card. Merry del Val.

Mais il faut songer au départ.

LA RUE DES CHEVALIERS, A RHODES

III. — DE NAZARETH A JÉRUSALEM

par le Carmel et la Samarie.

En route pour Nazareth.

A midi, deux groupes se forment, celui du Thabor, qui monte à cheval pour escalader la sainte montagne, où il passera la nuit; celui de Nazareth, qui part en voiture par la chaussée vaguement carrossable pour se rendre directement en cette ville. On se dit adieu jusqu'à demain. Les cavaliers inexpérimentés du Thabor ne s'engagent pas sans quelque angoisse dans les sentiers de chèvre, rocailleux, à brusques ressauts, qui escaladent sans aucune précaution les sommets voisins. Mais les chevaux ont le pied intelligent et savent comment il faut se comporter avec des novices en équitation. Tout se passe sans encombre et on n'a aucune chute à déplorer. Mais quel soleil! Et que la montée pour s'évader du trou de Tibériade, soit par le raidillon du Thabor, soit par la grande route de Nazareth, est rude!

Après avoir atteint les hauteurs qui dominent Tibériade d'environ 500 mètres, la route court sur le plateau de Galilée et passe au pied de *Kouroun Hattin,* les « cornes de Hattin », deux sommets jumeaux, qui seraient la montagne des Béatitudes et le lieu traditionnel d'une multiplication des pains. Plus loin c'est un champ, où l'on place le souvenir évangélique des épis cueillis et froissés par les apôtres affamés, un jour de sabbat (*Matt.* XII, 1-8). Ces localisations sont peu sûres. Mais un fait historique tout à fait certain a eu lieu ici. Le 4 juillet 1187, l'armée de Saladin, formidable et bien ravitaillée, se heurta, dans cette plaine et sur ces pentes, à l'armée franque épuisée par une longue marche, rôtie dans ses armures de fer par un terrible soleil qu'attisait encore le redoutable *khamsin* (vent brûlant du désert), et mourant de soif.

Le désastre des croisés fut complet, malgré des prodiges de valeur, et ce fut la fin du royaume franc de Jérusalem. Saladin vainqueur planta sa tente sur le sommet de Kouroun Attin, et là, s'étant fait amener les soldats chrétiens prisonniers, trancha la tête aux deux grands-maîtres du Temple et de l'Hôpital, à deux cents chevaliers, et à Renaud de Châtillon, seigneur du Kerak. Il fit grâce de la vie au roi de Jérusalem qu'il garda dans les fers, et il envoya à Damas, comme un trophée, le bois de la Croix que les chrétiens avaient porté dans la bataille.

Phot. V. B.

EN MONTANT DE TIBÉRIADE AU MONT THABOR

Nous parcourons ensuite la plaine de Zabulon, grasse et fertile, mais tellement desséchée par les longues journées d'été qu'elle est striée de profondes crevasses et semble bailler vers le ciel, implorant quelques gouttes d'eau. L'administration des ponts et chaussées est en train de refaire la route, c'est-à-dire de la rendre cahoteuse et fort pénible en la surchargeant de cailloux. Nos voituriers la laissent de côté pour suivre à travers champs une piste plus douce.

***

Une heure avant Nazareth, la route traverse le village de Cana, célèbre par la noce où furent invités Notre-Seigneur et la Sainte Vierge et où le Sauveur accomplit son premier miracle. Nous faisons une halte pour vénérer ce souvenir, recevoir la bénédiction du Saint Sacrement et goûter le vin du pays que nous sert si aimablement le supérieur des Pères de la Custodie. Ce vin est sans doute du même crû que celui dont on manqua pendant le repas de noce et que, par amitié pour les convives — qui pourtant n'avaient plus soif, — la Sainte Vierge pria son divin Fils de remplacer.

Nous vénérons aussi à Cana le sanctuaire construit sur la maison de Nathanaël, fils de Tolmaï, d'où son nom de Barthélemy sous lequel cet apôtre est connu. Nous passons enfin devant la magnifique source où furent remplies, le jour de la noce évangélique, les six amphores d'eau que Notre-Seigneur changea en vin. Nous la trouvons changée en un vaste bourbier peu appétissant par une nuée de petits polissons, qui y barbotent comme des canards... sans plumes.

***

Le soleil est couché quand nous entrons à Nazareth. La première visite est naturellement pour le sanctuaire de l'Annonciation. Mais l'entrée solennelle n'aura lieu que demain, après l'arrivée du groupe du Thabor ; ce soir, après une prière fervente dans la maison de la Sainte Vierge, chacun va prendre possession de son logement à la *Casa Nova* des Franciscains.

Le Thabor.

Les pèlerins du Thabor, après une nuit passée sur la sainte montagne, dans la maison des Pères Franciscains qui accomplirent des prodiges pour les loger tous (ils étaient 89) eurent la joie d'entendre la messe au lieu même de la Transfiguration de Notre-Seigneur. Le site est merveilleux et, même sans jouir du spectacle de la Transfiguration, on dit volontiers : *Bonum est nos hic esse!*

Le Thabor surgit à 500 mètres au-dessus de la plaine d'Esdrelon, seul, isolé, arrondi comme un dôme gigantesque, dont le sommet forme un plateau long de 1 200 mètres et large de 400. Par son aspect, il se distingue de toutes les montagnes de Palestine, et l'Evangile qui ne le nomme pas le désigne cependant d'une façon claire en disant que Notre-Seigneur s'éleva *in montem excelsum seorsum.*

Le panorama est incomparable. A l'Ouest, scintille la Méditerranée, dans laquelle s'avance la chaîne du Carmel. A l'Est, apparaissent le lac de Tibériade, la gorge profonde du Yarmouk, le plateau de Galaad et les monts bleuâtres du Hauran. Au Nord, la masse gigantesque du Grand-Hermon domine les hautes collines de Galilée sur lesquelles brille, comme une tache blanche, la ville de Safed, patrie de Tobie.

Au Sud, la plantureuse plaine d'Esdrelon, le Petit-Hermon, les monts de Gelboé, les monts de Samarie foisonnent de souvenirs bibliques. Les terres arides du Gelboë semblent encore retentir du chant funèbre de David sur la mort de Saül et de Jonathas.

Phot. V. B.

LE COUVENT DES GRECS, AU MONT THABOR

C'est là, en effet, que succomba le roi d'Israël avec ses trois fils, sous les coups des Philistins.

Comment les héros sont-ils tombés?
Comment les guerriers ont-ils péri?

On voit le village d'Endor, où Saül, avant la funeste bataille, alla consulter la Pythonisse et évoquer l'âme de Samuel; le village de Naïm, où Notre-Seigneur ressuscita le fils de la veuve; l'ancienne capitale Jezraël, célèbre par les injustices d'Achab, le meurtre de Naboth, la fin tragique de Jézabel, dont « les chiens dévorants » se disputèrent les membres. Là périrent, sous les flèches de Jéhu, les rois Joram et Ochozias. Là furent apportées de Samarie les têtes des soixante-dix fils d'Achab, dont Jéhu fit deux pyramides à l'entrée de la ville. Là fut immolé sans miséricorde tout ce qui avait été attaché à l'impie Achab : parents, amis, courtisans, prêtres de Baal. Rien ne subsiste de l'antique capitale, pas même des ruines. C'est aujourd'hui un misérable village composé de quelques huttes en pisé, sans fenêtres, où on entre par une porte basse, presque en rampant, comme dans une tanière.

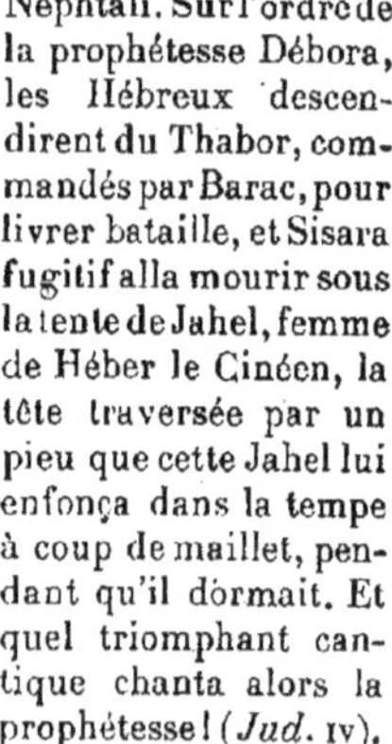

Phot. de Sarrazin.

AU RETOUR DU THABOR

En face de Jezraël, à l'extrémité de la pente méridionale du Petit-Hermon, se cache le village de Soulam, l'antique Sunam, théâtre des miracles du prophète Elisée. A la prière de l'homme de Dieu, la Sunamite, chez qui il était reçu avec vénération, vit disparaître l'opprobre de sa stérilité. Un jour, l'enfant du miracle, ayant accompagné son père aux champs, au temps de la moisson, y fut frappé de cette fatale insolation qui lui arrachait ces cris : « Ma tête! Ma tête! » A midi, appuyé sur les genoux de sa mère, le pauvre petit était mort, et le prophète, appelé en toute hâte, vint du Carmel et le ressuscita. (*IV Reg.* IV.)

Au pied du Gelboë sort l'*Aïn-Djaloud*, qui se révèle de loin par le massif de verdure sombre sous lequel coulent ses eaux limpides. Tout près de là, Gédéon avec son armée observait du haut de la montagne les Madianites et les Amalécites, qui remplissaient la plaine « comme une nuée de sauterelles ». Dieu dit au héros : « Tu as trop de monde, renvoie les lâches. » Vingt-deux mille s'en retournèrent et il en restait encore dix mille : « Mène-les près de l'eau, je t'en ferai un triage », dit le Seigneur. Tous ceux qui se précipitèrent à genoux pour boire abondamment et commodément à même la source furent trouvés indignes de combattre. Ceux qui lapèrent l'eau dans leurs mains en la portant à leur bouche furent choisis, ils n'étaient que trois cents, et avec ses trois cents braves qui ne s'étaient pas courbés, Gédéon infligea à l'ennemi une complète déroute (*Jud.* VII).

Plus loin, Sisara avec ses Chananéens fut vaincu par les guerriers de Zabulon et de Nephtali. Sur l'ordre de la prophétesse Débora, les Hébreux descendirent du Thabor, commandés par Barac, pour livrer bataille, et Sisara fugitif alla mourir sous la tente de Jahel, femme de Héber le Cinéen, la tête traversée par un pieu que cette Jahel lui enfonça dans la tempe à coup de maillet, pendant qu'il dormait. Et quel triomphant cantique chanta alors la prophétesse! (*Jud.* IV).

Et puis, c'est l'antique *Mageddo,* où les Egyptiens de Thoutmès III écrasèrent les Syriens et les Israëlites ligués contre lui. Là aussi tomba Josias, roi de Juda, sous les flèches des archers de Néchao, et l'on y entendit l'immense lamentation du peuple sur la colline d'Adadremmon. Ce deuil devint proverbial en Israël : *Erit planctus in Jerusalem, sicut planctus Adadremmon in campo Mageddon.* (*Zach.* XII, 11, *II Paralip.* XXXV, 25.)

Et combien d'autres lieux historiques on découvre encore du haut du Thabor, dans cette plaine d'Esdrelon et sur ces collines qui ont été de tout temps un champ de bataille et de carnage, depuis les juges d'Israël, les Pharaons d'Egypte, les Nabuchodonosor de Babylone jusqu'aux guerriers des Croisades et aux soldats de la Révolution!

Phot. Underwood.

NAZARETH VU DU NORD-EST

NAZARETH
CHAPELLE GRECQUE DU SPASME

INTÉRIEUR DE LA CHAPELLE BATIE
SUR L'EMPLACEMENT DE L'ANCIENNE SYNAGOGUE

Que de siècles, de bruit et de sang pour laisser tant de solitude et de silence! La limpidité de l'air, la position élevée de ce merveilleux observatoire qu'est le Thabor, permettent de discerner au loin les moindres particularités de cet immense paysage, et c'est presque toute la Bible qu'on pourrait repasser ici, en suivant pour ainsi dire du regard, aux endroits précis où ils se sont déroulés, les événements racontés dans les Livres Saints.

Mais il faut s'arracher à ce spectacle et enfourcher sa monture. Au pied du Thabor, on trouve le village de Dabourièh, où étaient restés les apôtres que Notre-Seigneur n'avait pas pris avec lui sur la montagne au jour de sa Transfiguration. A la descente, il les trouva fort occupés à exorciser un possédé sans pouvoir venir à bout de la résistance du démon. Il le délivra d'un mot.

Nazareth.

A 10 heures du matin les deux groupes sont réunis à Nazareth, et dès la descente de cheval, une procession s'organise pour l'entrée solennelle, au milieu des cantiques et des prières.

Aussitôt que nous pénétrons dans la basilique de l'Annonciation, un *Te Deum* éclate, suivi de la bénédiction du Saint Sacrement et d'un discours de bienvenue, que nous adresse le Père président de *Casa Nova*. Puis chacun descend dans la grotte de l'Incarna-

Pho. de Kerchove.

HALTE A EL-HARTIÈH, SOUS LES CHÊNES VERTS

tion, et laisse aller librement son cœur, dans une prière intime, à toutes les saintes émotions qu'inspire ce lieu trois fois saint : HIC VERBUM CARO FACTUM EST. « Ici le Verbe s'est fait chair. » Ce lieu est le centre de l'histoire du monde. Ici est apparu dans le temps Celui qui a fait les temps. Les siècles qui ont précédé cet événement aboutissent tous ici; les siècles qui suivent en découlent. Cet instant fut annoncé dès l'origine comme le sommet des âges. Le nouvel Adam vient pour réparer ce que l'ancien avait détruit. C'est le renouveau. Toute la nature tressaille à l'arrivée de son Créateur qui se fait créature. Prosternons-nous, recueillons-nous, adorons, perdons-nous dans cet infini qui confond la pauvre raison humaine et remplit le cœur d'indicibles émotions.

Le soir, les pèlerins parcourent en procession toute la ville, chantant des cantiques et récitant des chapelets. Ils font une station pieuse à tous les sanctuaires traditionnels et écoutent les explications. Du sanctuaire de l'Annonciation, on va à l'*atelier de saint Joseph*, à la *fontaine de la Vierge*, à la *Mensa Christi*, à l'église des Maronites, à l'*antique synagogue* transformée aujourd'hui en église paroissiale pour les Grecs-Unis.

Là Notre-Seigneur interpréta, devant ses concitoyens, un passage d'Isaïe sur le Messie, et, malgré sa divine éloquence, il constata que « nul n'est prophète en son pays ». C'est d'ici que les habitants de Nazareth, « remplis de colère, chassèrent le fils du charpentier hors de la cité, l'entraînèrent jusqu'à la cime de la montagne sur laquelle leur ville était bâtie, pour le précipiter en bas ». (*Luc.* IV, 16-30.)

Lieux connus et souvent décrits.

Cette excursion à travers les rues de la petite ville est émouvante. Ici tout est plein de Jésus, de Marie et de Joseph. Dans cette boutique de menuisier, que l'on voit en passant, il semble que l'on aperçoive Joseph dans son échoppe de charpentier, travaillant avec les mêmes outils, à de semblables ouvrages; dans cette femme qui puise de l'eau à la fontaine, on a la vision de la Sainte Vierge venant à cette même source et portant sa cruche de la même façon; parmi ces enfants qui nous regardent, on croit discerner l'Enfant Jésus habillé comme eux, vivant de leur vie, parcourant les mêmes rues, et voilant l'infini de sa nature divine sous les humbles conditions de sa nature humaine.

Tout ici parle vraiment de Jésus; on le voit, on l'entend, on le touche, et l'âme éprouve une joie ineffable.

Phot. V. B.

LA RADE DE CAÏFFA VUE DU CARMEL

De Nazareth au mont Carmel.

C'est avec regret qu'on s'arrache à ces lieux bénis. Il faut partir cependant. Le lendemain, 8 septembre, après avoir pieusement fêté la Nativité de Marie dans la basilique qui s'élève sur l'ancienne demeure de la Vierge, nous montons en voiture à 7 h. 1/4 pour le Carmel. La route court d'abord en corniche sur les hauteurs qui bordent la plaine d'Esdrelon, au milieu de laquelle se détache nettement le village d'El-Fouleh, où Junot, Kléber et Bonaparte, avec 3 000 soldats à peine, écrasèrent les 35 000 Turcs d'Abdallah-Pacha,

LE MONT CARMEL

qui accouraient de Damas au secours de Saint-Jean-d'Acre assiégé.

Une halte sous les chênes touffus d'El-Hartièh permet aux chevaux de souffler et aux pèlerins de se rafraîchir. De cet endroit, on jouit d'une belle vue sur la chaîne du Carmel, dont le sommet le plus élevé est couronné par une blanche construction.

C'est la chapelle du *Moukhraqa* qui s'élève sur l'emplacement du sacrifice d'Elie. Là furent confondus les prêtres de Baal, qu'on mena ensuite sur les bords du Cison pour les égorger. Nous traversons bientôt ce célèbre torrent, appelé par les Arabes *Nahr-el-*

Phot. B. P.

COUVENT DES PÈRES CARMES

Mouqatta, « fleuve du massacre ». Il est à sec actuellement, mais ses eaux furent souvent rougies de sang et elles ont roulé de nombreux cadavres. L'histoire a conservé le souvenir des guerriers de Sisara, des prêtres de Baal, des mameluks d'Abdallah-Pacha, qui périrent en masse dans ce fleuve.

Le Carmel.

Après avoir traversé Caïffa, ville sans autre importance que sa rade et son chemin de fer récent, nous montons par un chemin taillé en corniche dans le flanc de la montagne, jusqu'au sommet du promontoire où s'élève le couvent de Notre-Dame du Carmel, gros cube de maçonnerie, solide, massif, ramassé sous le dôme de son église centrale comme un carré de la vieille garde qui s'apprête à subir un assaut. Il est midi passé. La première visite, malgré les fatigues de la longue route, est pour la Reine de ces lieux, qui trône dans sa magnifique niche au fond de l'abside, au-dessus de la grotte du prophète Elie.

Puis, quand tout le monde a rejoint, on se rend au réfectoire dressé par les Pères Carmes dans la grande salle du *Palazzo*, ce vaste pavillon que le pacha de Saint-Jean-d'Acre se fit construire au commencement du dernier siècle, avec les ruines du couvent. M. Guy, consul de France à Caïffa, veut bien nous honorer de sa présence et partager notre déjeuner. Les pèlerins l'acclament.

Le P. Brocard, une vieille connaissance des pèlerins de la pénitence, est accouru, à travers la montagne, de sa solitude du « Sacrifice d'Elie », où il réside à l'autre extrémité de la chaîne, pour fêter ses compatriotes, et pendant le repas, entre lui, le P. Directeur et M. le Consul s'échangent de joyeux toasts.

*
* *

La soirée est occupée à visiter les souvenirs de la sainte montagne par ceux qui en ont le courage : *école des Prophètes, chapelle de Saint-Simon Stock, vallée des Martyrs, couvent de Saint-Brocard*, etc. Mais la plupart, effrayés par les ardeurs du soleil, préfèrent se recueillir dans le sanctuaire de la Madone, ou contempler le paysage qui est superbe.

La vue s'étend au Nord sur le golfe de Caïffa, qui échancre profondément les terres. Au fond de la baie, les palmiers balancent dans les airs leurs beaux panaches de verdure, au-dessus des bouquets de figuiers, de grenadiers, d'orangers, qu'ils semblent protéger. A l'extrémité Nord, Saint-Jean-d'Acre sort de l'eau tout rempli des souvenirs de l'héroïsme français, de saint Louis à Bonaparte. Nous avons devant la porte du couvent la mémoire des derniers braves qui laissèrent ici leurs os : c'est un modeste monument à l'honneur des blessés et des cholériques que

Phot. F. Cuzin.

LE GROUPE DE SAMARIE

Bonaparte ne put emmener et que massacrèrent les musulmans.

Le long du rivage Ouest, sablonneux, hérissé de dunes mouvantes, se détache l'imposante ruine d'*Athlit*, aux pans de murs gigantesques. C'est l'ancien *Castrum Peregrinorum*, bâti par les Templiers en 1218 pour la protection des pèlerins. Plus loin, vers le Sud, on discerne péniblement les restes de Césarée, l'antique cité impériale, siège des légats romains, réduite aujourd'hui à rien.

Phot. J. B.

GOURBIS DE AFFOULEH

En face, à l'Occident, c'est la vaste mer, à l'horizon sans limites. Au temps du roi Achab, dans un ciel d'airain qui avait refusé pendant trois ans de répandre une goutte d'eau sur la Palestine, le prophète en prière sur le sommet du Carmel vit « s'élever de la mer un petit nuage large comme la paume de la main ». Presque aussitôt, le nuage grandit, le ciel fut obscurci, et la pluie tomba à torrents. Cette nuée qui annonce la pluie bienfaisante a été regardée comme la figure de la Vierge Marie qui porte en elle, comme le nuage porte l'eau, l'abondance de toutes les grâces, le principe de toute fécondité.

* *

A 4 h. 1/2, tous les pèlerins sont réunis dans le sanctuaire du Carmel pour entendre la belle allocution du R. Père supérieur du couvent, qui est honoré du titre de Père vicaire, car, en réalité, il tient la place du Supérieur général des Carmes, le vrai supérieur du Mont-Carmel, de droit.

On se sépare.

Deux groupes se forment à nouveau, celui qui se rend à Jérusalem à travers la Samarie, et celui qui y va par mer jusqu'à Jaffa.

Les « Samaritains » couchent ce soir sur la sainte montagne et partiront demain matin seulement. Ils arriveront un jour plus tard à Jérusalem, mais ils auront parcouru les montagnes d'Ephraïm, couché à Naplouse, visité Djennin, où Notre-Seigneur guérit les dix lépreux; Dothaïn, où Joseph fut vendu par ses frères; la plaine de Béthulie, où Judith coupa la tête à Holopherne; Samarie, l'ancienne capitale du royaume d'Israël; Sichem, fièrement campée entre l'Hébal et le Garizim; le puits de la Samaritaine, où se passa une des plus belles scènes de l'Evangile; El-Biréh, où Marie et Joseph s'aperçurent de la perte de l'Enfant Jésus, etc., etc. C'est le trajet accompli par la Sainte Vierge quand elle alla visiter sa cousine sainte Elisabeth.

Ils sont une cinquantaine de vaillants qui affrontent ces fatigues. Il faut dire qu'elles sont bien diminuées depuis qu'on fait cette course rapidement et commodément en voiture, avec halte dans des hôtels, en attendant le chemin de fer qui enlèvera les derniers restes de pittoresque et de poésie à ce voyage et permettra à peine d'entrevoir les merveilleux souvenirs dont il est semé. Où est le temps de la caravane à cheval, des repas de midi sous un maigre ombrage, aux abords de quelque source, et surtout des nuits passées sous la tente? On vivait un peu alors à la façon des Bédouins, et cette vie nomade a de si singuliers attraits qu'on trouve insupportables, quand on y a goûté, les habitudes bourgeoises de l'auberge. Tout cela disparaît; on ira bientôt de Damas à Jérusalem comme on va de Paris à Orléans, et, au lieu de chercher à goûter la haute saveur de ces pays étranges, on n'aura qu'un désir, celui d'arriver vite sans rien voir.

Les autres pèlerins descendent à Caïffa au soleil couchant et montent aussitôt dans les barques qui les conduisent au bateau ancré dans la baie. Ils terminent donc ici la vie vagabonde qu'ils mènent depuis Beyrouth, et ils sont heureux, après les déplacements continuels de ces derniers jours, de retrouver ce soir leur chez eux à bord de l'*Etoile*, et d'arriver enfin, demain à midi, au but tant désiré de leur pèlerinage, Jérusalem.

Jaffa.

Le débarquement à Jaffa, si redouté des voyageurs, s'opéra sans difficulté par temps très calme. Les récifs qui hérissent la rade inhospitalière et obligent les bateaux à mouiller au large nous firent bon accueil; nos barques s'engagèrent sans péril entre leurs têtes sournoises, qui semblent à l'affût de quelque mauvais coup, se montrent et se cachent comme en ricanant sous la poussée de la lame.

Au dire de la légende, l'arche de Noé aurait été construite à Jaffa, ce qui donne à la ville une haute antiquité. Un fait hors de doute est celui qui se rapporte à Jonas. C'est ici que s'embarqua le prophète pour fuir la mission du Seigneur qui l'envoyait prêcher à Ninive. Sa désobéissance ne lui porta pas bonheur : Jéhovah souleva une furieuse tempête, et le bateau, bien que délesté de sa cargaison, allait sombrer. Il fallut le délester encore de Jonas et de son péché. On le jeta donc par-dessus bord, et aussitôt la mer se calma. Jéhovah fit venir un grand poisson pour engloutir le prophète récalcitrant, et Jonas vécut trois jours et trois nuits dans le ventre du monstre. Il n'en éprouva aucun dommage, en profita même pour faire une bonne retraite et nota ses impressions dans un cantique d'une sublime envolée. Après quoi le poisson, qui ne pouvait digérer Jonas, le vomit sur le rivage, où le Seigneur l'attendait pour lui renouveler l'ordre d'aller prêcher à Ninive. La leçon avait été salutaire, et Jonas ne résista plus.

Nos barques nous vomissent sur le rivage sans tant d'aventures, et nous tombons entre les mains des douaniers et des portefaix. Quelle cohue! Quel encombrement! Les marchandises, les chameaux, les ânes, les hommes se bousculent dans une confusion inexprimable et avec des cris assourdissants. On se tire comme on peut de ce chaos, et on se rend à la gare, soit par la voie la plus directe, soit par quelque détour à travers la ville.

La vieille cité, vue de la rade, ne manque pas de charme. Les maisons à terrasses, pittoresquement ramassées, entassent leurs cubes blancs sur un rocher abrupte qu'elles escaladent en désordre, comme dans une bousculade qui n'a rien à envier à celle du débarquement. Etagées à cheval sur un labyrinthe de rues voûtées, elles paraissent s'épauler mutuellement. L'antique enceinte est crevée de toutes parts, et les maisons neuves s'en échappent en longues enfilades dans toutes les directions. Ces vieux murs furent pris, perdus, repris et définitivement abandonnés par les Croisés. Bonaparte les bombarda en 1799 et ternit la gloire de son assaut victorieux par le massacre méthodique et de sang-froid de 3 000 prisonniers.

Il y aurait à visiter ici les souvenirs de saint Pierre. A Jaffa il ressuscita une femme, la veuve Tabitha, mais le lieu précis de ce miracle est incertain. Pendant qu'il était en prières chez Simon le Corroyeur, il eut la fameuse vision symbolique des animaux purs et impurs, destinée à renverser les barrières du judaïsme pour introduire les Gentils dans l'Eglise, et à faire du christianisme naissant le catholicisme ouvert à toutes les nations. Une petite mosquée marque l'emplacement traditionnel de cette maison. Quelques pèlerins la visitent et n'emportent pas le sentiment d'avoir vénéré un sanctuaire précieux.

Phot. J. B.

DÉBARQUEMENT A JAFFA

Le seul édifice auquel se rattache un souvenir certain, mais qui nous rejette loin des temps évangéliques, est le couvent des Arméniens, où furent enfermés en 1799 les pestiférés de l'armée française. Furent-ils empoisonnés par ordre de Bonaparte — qui ne pouvait ni les soigner ni les emmener — pour les soustraire aux atrocités de l'armée arabe? L'histoire n'a pas pu éclaircir ce point.

En route pour Jérusalem.

Le train spécial qui nous mène à Jérusalem part de Jaffa à 8 h. 1/4 et arrive à la Ville Sainte à midi et demi. Le trajet en chemin de fer est plus rapide et plus commode que par la chaussée, mais ne nous permet que d'entrevoir les souvenirs intéressants de la route.

En sortant de la gare on traverse des dunes mouvantes, d'un sable très fin, qu'on a cherché à fixer par des plantations de vignes et de sycomores aux racines profondes et peu exigeantes.

Puis on s'engage dans les fameux jardins de Jaffa, qui forment à la ville la plus luxuriante ceinture qu'on puisse imaginer. C'est une forêt touffue d'orangers, de citronniers, de grenadiers aux senteurs enivrantes, dont la masse d'un vert sombre est peuplée de fruits lumineux et dominée par de superbes palmiers au tronc élancé, vigoureux et souple. Les oranges de Jaffa ont une renommée universelle, on se les dispute sur tous les marchés d'Europe, ce qui n'est pas un mince encouragement à leur production ; aussi la culture des orangers prend tous les jours un plus grand développement. Il faut beaucoup d'eau, mais on l'a en abondance grâce à une nappe souterraine peu profonde qui permet, à peu de frais, l'installation de puits avec moteurs. L'eau, le soleil, le sol excellent font de ce coin l'oasis la plus riche de toute la Syrie, et tous les jours la mer de verdure pailletée de pommes d'or étend plus loin ses rivages.

C'est ensuite la plaine de Saron que nous traversons dans toute sa largeur. L'Ecriture Sainte la donne comme un symbole de fertilité, et elle vaut sa réputation, mais elle paraît bien sèche à cette époque, la récolte achevée, surtout quand on sort des jardins de Jaffa. Elle s'étend à perte de vue jusqu'aux montagnes nues et grisâtres de Judée. Le soleil qui monte et active ses torches incendiaires la fait scintiller et produit à travers les vibrations de l'air de curieux effets de mirage : il nous montre au loin des nappes d'eau mensongères qui n'existent que dans son imagination, s'il est permis d'employer cette prosopopée hardie.

Phot. V. B.

ENTRE JÉRUSALEM ET JAFFA

Nous apercevons la petite ville de Lydda, au milieu de ses oliviers. Saint Pierre y guérit le paralytique Énée (*Act.* IX) et partit d'ici pour se rendre à Jaffa, où il ressuscita la veuve Tabitha.

Puis c'est la ville de Ramlèh (le sable), à qui la fausse tradition avait fait une auréole imméritée de souvenirs évangéliques. Elle fut fondée en 716 par le kalife Soliman. Sa célèbre tour des Quarante-Martyrs — beau monument arabe en l'honneur de 40 musulmans tués non loin d'ici, à Amoas — est éclipsée par le clocher récent de la nouvelle église franciscaine dédiée à saint Joseph d'Arimathie.

Après Ramlèh, on distingue au loin, sur la droite, de hautes cheminées d'usine. C'est la colonie juive d'Akir, l'ancienne *Accaron* des Philistins. Là eut lieu la dernière étape de

Phot. N. D.-F.

JÉRUSALEM VU DU MONT DU SCANDALE

l'arche d'alliance, prise par les Philistins et promenée de ville en ville, au grand dommage des habitants qui étaient frappés de plaies abominables et inventèrent à cette occasion les « ronds de cuir » : *fecerunt sibi sedes pelliceas.* Les Accaronites, effrayés de voir arriver l'arche chez eux, s'exclamaient : « On veut nous faire mourir ! Renvoyons l'arche aux Hébreux ! » Ils placèrent l'arche sur un chariot, y attelèrent deux vaches, et celles-ci, sans être conduites, se dirigèrent d'elles-mêmes vers Bethsamès, marchant et mugissant sans se détourner ni à droite ni à gauche (*I Reg.* VI).

Nous trouverons Bethsamès un peu plus loin. Mais nous passons d'abord au pied de Djézer, l'ancienne *Gazer,* aux mémorables batailles, que le Pharaon d'Egypte mit dans la corbeille de noces de sa fille quand il la donna comme épouse à Salomon.

Puis on entre dans le Ouadi-Sarar, la large vallée de *Sorec,* célèbre par les exploits de Samson.

C'est de la station de Deir-Aban, qu'on distingue sur une hauteur voisine, à droite, les ruines de Bethsamès. Les habitants étaient occupés à la moisson quand ils aperçurent l'arche d'alliance traînée par les deux vaches, et ce fut une grande joie. Le chariot s'arrêta dans le champ de Josué le Bethsamite, fut mis en pièces, et on en fit un bûcher qu'on dressa sur une grande pierre pour offrir au Seigneur les vaches en holocauste. Puis l'arche fut déposée sur la pierre. On se rassembla de tous les environs pour remercier Dieu d'avoir fait restituer l'arche d'alliance à son peuple, mais la foule oublia les lois du culte imposées par Jéhovah lui-même. Les gens de Bethsamès abusèrent de l'honneur d'être les gardiens de ce palladium, ils eurent à l'égard de l'arche des curiosités irrespectueuses, et soixante-dix d'entre eux furent punis de mort. Le deuil succéda à la joie, et on supplia les habitants de Cariathiarim (Abougosch) de prendre l'arche chez eux. — La *Palestine Exploration Fund* a exécuté, ces deux dernières années, à Bethsamès, des fouilles fructueuses.

Presque en face de Bethsamès, à gauche de la voie montante, on aperçoit, sur un mamelon, une coupole blanche ombragée d'un palmier. C'est un mausolée arabe dédié à Samson que les musulmans vénèrent comme un prophète. Les restes du héros fameux, dont la force proverbiale était la terreur des Philistins, ne s'y trouvent pas, mais ce monument marque à peu près l'emplacement de l'ancienne ville de *Sara,* sa patrie.

La naissance de Samson fut miraculeuse. L'esprit de Dieu se saisit de lui entre *Sara* et *Eschtaol* et dès ce moment il dévint l'instrument des vengeances divines contre les infidèles. Il épousa une fille des Philistins à *Timnàh* (Tibnèh). Ces localités sont voisines. Le jour des noces, il proposa à ses convives une « énigme » dont l'enjeu était 30 robes et 30 manteaux. Il eut l'imprudence de révéler le mot de l'énigme à sa jeune femme, qui ne garda pas le secret. Samson, ayant perdu l'enjeu, par suite des indiscrétions de son épouse, assomma 30 Philistins dont il donna les dépouilles. Il fit une guerre incessante aux ennemis du peuple de Dieu et leur tua beaucoup de monde, tandis qu'il était invulnérable et invincible. Dans ces mêmes régions eurent lieu l'incendie des moissons à l'aide de 300 renards pris par Samson, liés deux à deux et lâchés dans les blés avec une torche à la queue ; le massacre de 1 000 Philistins avec une mâchoire d'âne ; enfin le funeste mariage de Samson avec la Philistine Dalila, de la vallée de Sorec, et la trahison de celle-ci qui coupa la chevelure de son mari, siège de sa force extraordinaire, et le livra aux Philistins. Ce furent alors pour lui des avanies sans nom. Après lui avoir crevé les yeux, les Philistins l'employèrent, comme une bête de somme, à tourner la meule de leurs moulins. Aussi quel besoin avait-il de dévoiler à sa femme le secret de sa force ? Mais ses cheveux repoussèrent et sa vigueur avec eux. Les Philistins n'y prenaient pas garde et continuaient longtemps après les réjouissances d'une pareille capture. Un grand banquet, pour célébrer peut-être l'anniversaire de leur lâche succès, avait réuni à Gaza les notabilités de la région et une grande foule, en tout 3 000 convives. On fit comparaître Samson pour s'amuser de lui. Pendant qu'on l'accablait de sarcasmes et de dérisions, il demanda à s'appuyer contre les deux colonnes centrales qui soutenaient tout l'édifice. On le lui accorda sans méfiance. S'arcboutant alors contre ces colonnes il les renversa, et l'édifice, en s'écroulant, l'écrasa avec les 3 000 personnes

L'ÉDICULE DU SAINT-SÉPULCRE
Aquarelle de l'amiral Paris.

présentes. Il s'ensevelit ainsi dans sa vengeance.

*
* *

Après Deir-Aban, la ligne s'enfonce dans les monts de Judée par une vallée étroite, encaissée, pierreuse, aux flancs abruptes et uniformément gris. Le torrent que nous longeons est complètement sec, il ne coule du reste que les jours de pluie, recueillant les eaux qui se précipitent des montagnes nues, incapables d'en garder une goutte. Les rayons du soleil, déjà au sommet de sa course, tombent d'aplomb dans cette gorge sauvage, triste, solitaire, où nul être vivant n'apparaît, sinon quelques lézards gris comme la roche. La locomotive grimpe péniblement, s'époumonne et remplit la vallée du bruit de ses halètements.

A midi, nous sommes à Bittir, l'ancienne *Béther*, où le Cantique des cantiques faisait gambader les chevreaux et les faons. La vieille localité existe toujours là-haut sur les sommets, et on y voit toujours des chèvres sur ses rochers arides. Elle fut le dernier boulevard des Juifs contre les Romains (132-135). Ceux-ci mirent trois ans à la réduire, et son agonie fut l'agonie d'Israël. On trouve encore dans les environs d'énormes boulets de pierre, acteurs et témoins du dernier siège qui, avec la chute de Béther, consomma la chute de la nation juive.

Encore une demi-heure d'ascension, et le train débouche sur le dernier plateau; quelques instants après, il entre en gare : « Jérusalem ! Tout le monde descend ! » Voilà un cri peu biblique et qui détonne singulièrement au pays des patriarches et des nomades. Des amis sont venus nous saluer, des représentants des diverses communautés françaises, le Rme P. Prosper, vicaire custodial, au nom de la Custodie, M. Clouet, vice-consul, au nom du consulat de France. Après les souhaits de bienvenue rapidement échangés, le *Lætatus sum* éclate sous les auvents de la station. Ce n'est peut-être pas le cadre pour lequel fut composé ce psaume des « degrés », mais la ferveur n'en est pas diminuée, et c'est avec une profonde émotion que nous redisons tous, sur le seuil de la Cité Sainte, objet de nos rêves : « Je me suis réjoui dans cette parole qui m'a été dite : Nous irons dans la maison du Seigneur. »

Après quoi des voitures nous transportent à Notre-Dame de France, où, en un clin d'œil, chaque pèlerin trouve sa cellule et son couvert qui l'attend au réfectoire.

Jérusalem.

Nous ne raconterons pas notre séjour à Jérusalem; ce serait redire ce qu'ont dit les 45 pèlerinages qui nous ont précédés. Un programme mûrement étudié et longtemps expérimenté nous permet, non seulement de visiter avec fruit les Lieux Saints, mais de les goûter, de les savourer à notre aise, de nous pénétrer du charme des souvenirs, les plus saintement émouvants qui soient. Tout nous parle ici de Notre-Seigneur : le jardin des Olives où il agonisa; la maison de Caïphe où il fut souffleté et renié par saint Pierre; le prétoire de Pilate où il fut jugé, flagellé, couronné d'épines et condamné à mort; les rues de la cité où il porta sa croix; le Calvaire où il fut crucifié; le tombeau où il fut enseveli et d'où il ressuscita; le mont des Oliviers d'où il monta au ciel; le Cénacle où il institua l'Eucharistie; le Temple d'où il chassa les vendeurs; la piscine de Bethesda où il guérit le paralytique; celle de Siloé où il rendit la vue à l'aveugle-né; Béthanie où il ressuscita Lazare; Bethphagé d'où il partit pour son entrée triomphale au jour des Rameaux, etc., etc. Quel ensemble poignant ! Et comme on se sent écrasé par cette accumulation de souvenirs qui dominent ici toute autre préoccupation et plongent l'âme dans une atmosphère de piété très particulière où les choses du temps comptent peu. On est gagné par la fièvre de ferveur qui s'exhale de partout, malgré le brouhaha et le pêle-mêle des hommes et des choses. Cette ville groupée autour d'un tombeau est comme enveloppée d'un suaire, mais son passé n'est pas mort, il est au contraire extraordinairement vivant, c'est même la seule chose vraiment vivante et capable de ressusciter au fond du cœur les sentiments les plus profondément oblitérés.

Nos pèlerins n'ont pas besoin de cette résurrection et jouissent de Jérusalem en vrais chrétiens. Tous les jours, ils ont le matin une station solennelle dans quelque sanctuaire principal, puis les Pères de l'Assomption, guides savants et aimables les promènent, matin et soir, dans tous les recoins de la Ville Sainte, leur donnant les explications les plus détaillées. Les dix jours de Jérusalem passent trop vite, et on n'a qu'un regret, c'est de ne pouvoir les prolonger.

Si courte qu'elle soit, la visite de Jérusalem laisse une mémoire impérissable. On y est violemment jeté hors de la vie moderne et de ses trépidations. Il est impossible de ne pas être vivement remué par la physionomie de l'étrange ville, son aspect triste, ses abords désolés. Les progrès de la civilisation matérielle ont beau monter à l'assaut de cette capitale de la mort, elle ne se laisse pas facilement entamer. Pas de journaux locaux dans une agglomération de 100 000 habitants. Pas de lieux de plaisir, on ne pense pas ici aux distractions des autres villes; un théâtre à Jérusalem serait une monstruosité. Tous les bruits de nos villes modernes se taisent dans celle-ci. Elle a pourtant grandi beaucoup. Depuis longtemps une ville neuve s'est ajoutée à l'ancienne, cachant la vieille et vénérable enceinte sous le sans-gêne de ses insolentes constructions. Mais rien n'y fait; malgré le chemin de fer qui a fini par vaincre la réprobation esthétique qui semblait devoir le tenir éloigné de ces lieux, malgré la poussée des intérêts et des affaires, qui ne respecte rien, Jérusalem vit toujours de son passé, surtout des douleurs, des humiliations et des triomphes du Christ.

Phot. F. Cuzin.

ORPHELINES DE L'ÉTABLISSEMENT DES SŒURS DE SAINT-VINCENT DE PAUL, A BETHLÉEM

C'est un tombeau qui attire ici tous les peuples de la terre, on n'y vient que pour cela. Jérusalem est toujours la ville de la Passion et de la mort de Jésus, la ville réprouvée, la ville sur laquelle le Sauveur a versé des larmes avant d'y répandre son sang. Et le sentiment religieux est le seul dominant, même chez ceux qui n'en ont pas l'habitude. Tous se disputent le Saint-Sépulcre ou la possession de quelque sanctuaire. Latins, Grecs, Russes, Arméniens, Coptes, Abyssins, Jacobites, Protestants, Juifs, Musulmans, tous sont ici pour un motif religieux, et s'il s'y mêle quelque intérêt politique, c'est en fonction de l'intérêt religieux qui prime tout. Ainsi Notre-Seigneur, au milieu des divergences, des querelles, des disputes, est le centre direct ou indirect de toute l'activité. Ce sont les scènes de la Passion qui continuent, depuis le prétoire de Pilate, où le procurateur de Rome était en conflit avec le Sanhédrin et avec Hérode, jusqu'au Golgotha, où les voix les plus discordantes se faisaient entendre, où les bourreaux jetaient au sort la tunique de leur Victime pour ne pas la diviser, où le centurion romain s'en revenait du supplice qu'il avait présidé, se frappant la poitrine et disant: « Vraiment celui-ci était le Fils de Dieu! »

Bethléem.

Bethléem est à 9 kilomètres de Jérusalem, et, grâce à la route carrossable, une voiture fait le trajet en une heure. Cette faible distance permet aux pèlerins qui en ont la dévotion de se rendre à la grotte de la Nativité en dehors de la station du pèlerinage. Plusieurs aiment à y passer la nuit pour y célébrer la Noël dans un plus grand recueillement, en une douce intimité avec l'Enfant Jésus.

Elle est jolie et gaie, la petite ville accrochée à sa colline; c'est du moins ce que tous les guides répètent, et, à force de l'entendre dire, on finit par le croire. Il est probable que cette allégresse lui vient surtout de celle qu'on porte dans le cœur et qui est l'écho de celle que chantaient les anges sur le berceau du Sauveur, car la ville elle-même ressemble plus ou moins à toutes les autres avec ses rues étroites, sombres, tortueuses et sales, avec son paysage grisâtre et poussiéreux. Les anciens la nommaient *Ephrata*, c'est-à-dire la *fructueuse*, la *prospère*, mais c'est surtout à cause du grand fruit, du fruit divin qui devait naître en elle. Quand le petit Enfant vint au monde, la destinée d'Ephrata était accomplie, elle était véritablement prospère. Bethléem vit encore de cette prospérité : c'est la grotte de la Nativité qui est sa grande source de richesses, par le grand nombre de pèlerins qui y accourent des quatre coins du monde et tiennent à emporter quelques souvenirs. Presque tous les habitants de Bethléem sont occupés à fabriquer des objets de piété, croix, médailles, chapelets, etc. C'est la grande industrie du pays, et les Bethléémitains sont particulièrement habiles à travailler la nacre.

Tout le pèlerinage se rendit à Bethléem le 13 septembre. Départ en voiture à 5 heures du matin et messe du pèlerinage dans la grotte de la Nativité à 6 h. 1/4, par le plus jeune prêtre du pèlerinage, un Canadien, encore étudiant à Rome, M. l'abbé Curran. Ensuite, dans la basilique supérieure des Franciscains, après un sermon ému de M. Lesthévenon et le chant solennel du martyrologe de Noël, nous assistons au salut du Saint Sacrement. La foule des fidèles emplit l'église, obstrue l'escalier de la grotte, se prosterne pieusement dans la crypte. C'est toujours fête à Bethléem, surtout aux jours de pèlerinage, et c'est fort touchant de voir la piété démonstrative des vieux Bethléémitains à barbe blanche, vivante image des bergers qui vinrent les premiers porter leurs naïfs hommages au divin Enfant.

Nos dévotions finies, c'est le tour de notre pieuse curiosité. Les pèlerins divisés par groupes retournent à la grotte pour y entendre les explications des guides.

C'est une caverne naturelle creusée dans la roche calcaire. Elle s'étend sous le chœur de la vieille basilique byzantine, et on y descend par deux escaliers demi-circulaires, dont l'un appartient aux Grecs, l'autre aux Latins et aux Arméniens. La salle principale, qui a 12 mètres de longueur sur 4 de largeur, se prolonge en des ramifications et excavations diverses. Le rocher a disparu partout sous les revêtements de marbre. Une merveilleuse tenture d'amiante repoussée, don de Mac-Mahon, président de la République française, s'étend le long des parois. Au bas de l'escalier, on trouve une abside, sorte de niche dans le rocher : c'est la place même de l'enfantement, comme l'atteste cette fameuse étoile d'argent clouée sur le marbre du pavé, qui a fait un bruit si tragique, il y a quarante

LE CHAMP DES PASTEURS

ans. Autour du disque on lit cette inscription : HIC DE VIRGINE MARIA JESUS CHRISTUS NATUS EST : « Ici de la Vierge Marie est né Jésus-Christ. » Les genoux se plient, et avidement les lèvres se posent sur le métal, comme si elles cherchaient le front du Nouveau-Né et sa petite main innocente.

Phot. F. Cuzin.

EN ROUTE POUR SILOÉ

A côté, une autre excavation marque le lieu de la crèche. Là était la mangeoire des animaux qui servit de berceau à l'Enfant-Dieu. Sa sainte Mère l'y déposa de ses mains tendres et caressantes, et nul berceau royal n'a eu la splendeur de cette misérable crèche : *Et reclinavit eum in præsepio.* On croit entendre encore la douce voix de Marie chantant peut-être quelque monotone mélopée pour endormir le petit Jésus, l'entourant de toute son affection maternelle et des soins les plus empressés, accueillant au nom de son Fils la visite des bergers et des Mages. Ici vinrent s'agenouiller les pasteurs convoqués par le messager céleste : « Vous trouverez un enfant enveloppé de langes et couché dans une crèche. » C'est le signe auquel on devait le reconnaître : *Et hoc vobis signum.* Ici vinrent les Rois Mages avec leurs présents et toute la pompe orientale. Puis ce furent les mortelles angoisses de la peur, le départ précipité pour l'Egypte au milieu de la nuit, pendant que les soldats d'Hérode s'apprêtaient à massacrer tous les petits enfants de Bethléem. Quels souvenirs!

Phot. A. B.

GETHSEMANI ET SILOÉ

La grotte se continue par un corridor qui prend sur cette pièce principale, serpente dans le rocher, conduit à plusieurs autres excavations transformées en chapelles et dédiées à des traditions diverses. Le corridor est aveuglé aujourd'hui par un mur dans lequel s'ouvre une porte. La première chapelle qu'on rencontre est consacrée à saint Joseph, la seconde aux saints Innocents. Puis c'est une série de grottes et chapelles qui rappellent le souvenir de saint Jérôme, le solitaire de Bethléem, de son disciple et successeur saint Eusèbe de Crémone, de sa fille spirituelle sainte Paule, la grande dame romaine qui s'enferma près de la crèche et construisit avec sa fille, sainte Eustochium, deux monastères à Bethléem, l'un d'hommes, l'autre de femmes. Ces saints personnages ont ici leurs tombeaux.

Il fait bon errer dans les détours de ce couloir de catacombes, s'égarer dans les retraits formés par les élargissements du long boyau souterrain. Il aboutit à une chapelle plus spacieuse que les autres appelée « oratoire de

Phot. Laborie.

VERS JÉRICHO — LA FONTAINE DES APÔTRES

telligence du Verbe et nous apprenne à lire le Livre Saint dans l'esprit qui l'a dicté !

La matinée s'achève par la visite des autres souvenirs de Bethléem et des environs. C'est la Grotte du lait, dont tous les *Guides de Palestine* racontent la merveilleuse légende. C'est le Champ des pasteurs, à côté de Beth-Sahour, où veillaient sur leurs troupeaux les bergers qui furent appelés les premiers à adorer l'Enfant Jésus. Là retentit la musique des anges chantant dans un chœur qui ne sera jamais égalé par aucune maîtrise : « Gloire à Dieu au plus haut des cieux et paix aux hommes de bonne volonté ! » C'est encore le Champ de Booz, où alla glaner Ruth

saint Jérôme ». C'est là que le grand docteur venait, suivant la tradition, prier et travailler, c'est là qu'il aurait écrit plusieurs de ses savants commentaires des Ecritures, à côté du lieu où a voulu naître Celui qui les avait inspirées. Que saint Jérôme nous donne l'in-

la Moabite, une des rares femmes qui figurent dans la généalogie du Christ. A la porte de la cité, qui était le forum des Orientaux, se passa la scène patriarcale où Booz, ancêtre de Notre-Seigneur, acquit le droit de rachat sur les biens de la veuve Noémi et de sa bru

LES VASQUES DE SALOMON

qu'il épousa. En ce temps-là, pour valider les échanges, l'un des contractants ôtait son soulier et le donnait à l'autre, comme aujourd'hui, dans nos campagnes, on tope en frappant dans la main. Et tous les anciens, assemblés à la porte, disaient : « Nous sommes témoins. » (*Ruth*, IV.)

Il y aurait encore à rappeler le sacre de David, qui eut lieu ici au milieu de ses frères, dans la maison de son père Isaï, dix siècles avant la naissance de son descendant Jésus, Roi du ciel et de la terre. Mais le temps presse, et plusieurs veulent aller visiter les Vasques dites « de Salomon », trois immenses réservoirs étagés dans une vallée en pente et destinés à alimenter d'eau Jérusalem

MONT ET COUVENT DE LA QUARANTAINE

par un aqueduc depuis longtemps rompu.

Ces vasques sont à une heure de Bethléem, mais les voitures permettent d'accomplir la course en moins de temps. Une tradition invétérée rattache à ce lieu, fort peu poétique pourtant, les descriptions du Cantique des cantiques sur la « Fontaine scellée » et sur le « Jardin fermé ». Dans la vallée solitaire, les Sœurs du Jardin fermé — une Congrégation italienne émigrée dans l'Amérique du Sud — ont construit un couvent dont l'éclatante blancheur tranche sur le gris de la montagne contre laquelle il est adossé. C'est le site le plus âpre et le plus désespéré de toute la Palestine. Nous sommes loin des parterres de lis, de safran, de cinnamome et de toutes les plantes embaumées que venait respirer la Sulamite. On ne fera jamais de ces affreux ravins une retraite fleurie. Il est vrai que l'ardente piété est capable de faire éclore partout les plus suaves fleurs mystiques. Mais c'est bien le seul jardin qu'il soit possible de faire pousser ici, et il restera sûrement « fermé » au plus grand nombre.

Jéricho.

Notre séjour à Jérusalem coïncida avec une période de *khamsin*, vent brûlant du désert qui incendie l'atmosphère et amène une espèce de moustiques minuscules, imperceptibles, dont la piqûre silencieuse est du feu. A Jérusalem, on les appelle des *silentes*, pour les distinguer des cousins, à la musique bien connue et particulièrement agaçante, aussi lancinante que la piqûre qu'elle annonce. Cette chaleur flattait les pèlerins tout en les incommodant : c'est une sensation d'Orient qu'on regretterait de n'avoir pas éprouvée. Elle permet d'apprécier ce pays à sa juste valeur, et c'est une satisfaction qui a son prix.

Mais cet état de l'atmosphère rendait la course à Jéricho redoutable. S'il fait si chaud dans la montagne, à 800 mètres d'altitude, que sera-ce dans le trou de la mer Morte,

KHAN DU BON SAMARITAIN

à 400 mètres au-dessous de la Méditerranée? Est-il prudent de descendre par une pareille chaleur dans ce « puits de l'abîme »?

Soixante-six vaillants tinrent à s'inscrire malgré tout, et ils partirent le mardi 16 septembre à midi et demi, sous la direction du P. René-Augustin.

L'excursion est aussi intéressante que sanctifiante. La route carrossable contourne Béthanie et descend par une pente abrupte à la Fontaine des Apôtres. Aucun souvenir précis n'y est localisé, mais il est probable que les apôtres et Notre-Seigneur eurent plusieurs fois l'occasion de s'y désaltérer. L'eau en est saine, quoique dangereuse, à cause des petites sangsues qu'elle nourrit et qu'il ne serait pas bon d'introduire dans la gorge ou l'estomac.

Puis la route serpente dans les vallées du désert de Juda, jaunâtre, pierreux, lugubre. Pas une place verte, pas un indice de vie végétale. Tout est brûlé. Au printemps, cependant, les nomades tirent de ces mornes landes quelques maigres moissons d'orge et y découvrent quelques brins d'herbe pour leurs troupeaux.

On aperçoit à droite de la route, dans ces tristes vallées, les ruines non moins tristes d'un ancien monastère, celui de saint Euthyme, voisin de la laure abandonnée de saint Théoctiste. Au IVe siècle, cette affreuse Thébaïde était peuplée d'anachorètes, et, certes, ils avaient bien choisi l'endroit pour faire pénitence. Les ermites trouvaient dans les anfractuosités du rocher des grottes en abondance; après les avoir disputées aux chacals, aux hyènes et aux lions, ils pouvaient s'y livrer à la plus effrayante austérité. C'est l'idéal du sépulcre anticipé. Toute facilité leur était donnée pour imiter le Carême de Notre-Seigneur, qui passa quarante jours et quarante nuits dans la désolation mystérieuse de ces solitudes, sans manger ni boire, ayant pour toute compagnie les bêtes sauvages.

Au milieu de ce chaos de montagnes pelées, se dresse un sommet couronné par un caravansérail; c'est le Khan-el-Hatrour (auberge des voleurs). Il est à peu près à moitié route entre Jérusalem et Jéricho. On y fait halte pour prendre quelques rafraîchissements et laisser souffler les chevaux. C'est ici qu'on localise l'épisode de la touchante parabole du bon Samaritain (*Luc.* x, 30).

Un peu plus loin s'ouvre, sur la crevasse gigantesque du *Nahr-el-Kelt*, une échappée qui, aperçue de la route, montre une vision fantastique. C'est le couvent grec de Koziba, accroché comme une cage d'oiseaux à une paroi vertigineuse qui surplombe l'abîme d'une cinquantaine de mètres. Il fut fondé par saint Jean le Kozibite, au Ve siècle, et il est encore habité par une douzaine de moines, nichés là entre ciel et terre. L'étrange gorge serpente jusqu'à la plaine de Jéricho et a l'aspect d'une cassure violente pratiquée dans le rocher par la fureur de quelque puissance inconnue. On dirait que la montagne s'est déchirée du haut en bas, pour donner passage au torrent qui bouillonne entre ses deux murailles à pic. Quelle est la cognée de Titan qui a pu diviser cette masse compacte, comme on fend un tronc d'arbre? Les anfractuosités de la roche sont peuplées de nombreux ermites. Ils sont inabordables dans leurs nids d'aigles, on ne peut les atteindre la plupart du temps que par des échelles. Ces habitations aériennes, ces aires inaccessibles abritent-elles des aigles à l'envol mystique, puissant, capables de planer, au-dessus des infirmités de l'humaine nature, dans les régions lumineuses de la doctrine et de la sainteté, ou cachent-elles de sombres hiboux? Il est certain que ce genre de vie n'est pas humain et que, pour s'y complaire, il faut être ou au-dessus ou au-dessous de l'humanité. Il est certain aussi que, bien souvent, qui veut faire l'ange fait la bête. Quant aux singuliers moines que nous avons sous les yeux, il ne nous appartient pas de les juger.

La mer Morte.

Au lieu de remettre à demain la course à la mer Morte, on trouve plus pratique d'y aller immédiatement, même avant de prendre possession de son logement aux hôtels de Jéricho. Il y a le temps ce soir, et cela permettra d'être moins bousculé demain matin et de se reposer plus tranquillement.

Les chevaux courent avec entrain, en cette fin de journée, à travers les dunes salées et cristallines qui forment la large vallée du *Ghôr*. Le trajet dure une heure de Jéricho à la mer Morte; c'est la plaine, mais légèrement ondulée, et la piste suivie par les voitures ressemble à un jeu de montagnes russes.

Et nous voilà sur les bords de la mer Morte, la si bien nommée. Rien ne vit dans ses eaux et sur ses bords, ni poissons ni oiseaux. Sur la grève gisent des branches et des troncs d'arbres amenés par le Jourdain, corrodés par le flot bitumineux qui les a rejetés, calcinés et blanchis comme des squelettes végétaux. Plusieurs goûtent à cette eau; sa saveur huileuse et caustique est insupportable, elle laisse sur les mains un enduit gluant qui disparaît à grand'peine. La malédiction de Dieu pèse encore de tout son poids sur cette région, formidable, unique. Les diverses appellations qui désignent cette mer dans la Bible sont toutes lugubres : *Etang de Bitume*, *Lac Asphaltite*, *Mer de Sel*, *Mer de la Solitude*, et elles la marquent comme le théâtre extraordinaire des vengeances célestes.

Avant la catastrophe, aucun lieu n'était agréable comme celui-ci. Merveilleusement irrigué, il était comme un « paradis du Seigneur », *sicut paradisus Domini*, « comme l'Egypte fécondée par le Nil », *sicut Egyptus venientibus in Segor*. On l'appelait par antonomase, à cause de sa puissante végétation, la « Vallée des Bois », *Vallis Silvestris*. Des villes opulentes y prospéraient : Sodome, Gomorrhe, Abama, Segor, Seboïm, mais les habitants étaient perdus de vices et la corruption y était effroyable : *Homines Sodomitæ pessimi erant et peccatores coram Domino nimis*. Alors arriva le châtiment : une pluie de soufre et de feu tomba du ciel, enflammant les puits de bitume dont le sol était couvert, et depuis lors c'est le règne de la terreur et de la mort (*Gen.* XIX).

Après avoir longuement contemplé tout ce formidable passé que le funèbre présent évoque d'une manière si émouvante, nous retournons à Jéricho. L'ombre envahit le *Ghôr* et augmente encore l'horreur des lieux par la mélancolie des ténèbres grandissantes. Puis la lune se lève resplendissante sur les monts de Moab et se répand tranquille et sereine sur cette vallée de désolation. C'est la digne lumière de ce paysage. Les ténèbres sont peut-être moins lugubres que cette blafarde et mystérieuse clarté.

Cependant, la chaleur du jour est tombée, et Jéricho n'est pas le four qu'on nous avait promis. Quelques-uns le regrettent et ne sont pas loin de crier à la déception. Le thermomètre ne marque que 37°. C'est presque plus frais qu'à Jérusalem.

Le Jourdain.

Le lendemain, dès avant l'aurore, on se met en route pour le Jourdain, où des autels portatifs dressés sur les rives du fleuve sacré permettent aux prêtres de célébrer la sainte Messe, et à tous les fidèles d'y assister et de communier.

Ici les souvenirs bibliques abondent, et tous sont des témoignages de la puissance miséricordieuse de Dieu pour son peuple, comme ceux de la mer Morte sont des

Phot. Harlingue.

LES RIVES DU JOURDAIN

témoignages de sa puissance vengeresse.

Dans ces eaux, Israël commença sa mission, et Notre-Seigneur également la sienne. Elles se divisèrent pour laisser passer les Hébreux à pied sec, les eaux supérieures s'arrêtant et formant une haute muraille comme si une énorme digue les contenait, tandis que les eaux inférieures s'écoulaient dans la mer Morte. Le miracle se prolongea durant tout un jour, le temps nécessaire au passage de l'immense multitude, avec ses bagages et ses troupeaux (*Jos.* III, IV). Il se renouvela deux fois au temps du prophète Elie pour livrer passage d'abord à Elie et à son disciple Elisée, ensuite au disciple seul, après que son maître eût été enlevé au ciel sur un char de feu (*IV Reg.* II).

Notre-Seigneur vint ici se faire baptiser par Jean. Le Précurseur attirait les foules, prêchant la pénitence et annonçant le royaume des cieux qui était proche. Un jour, il vit venir à lui Jésus, et, quoique ne l'ayant jamais vu, il s'écria : « Voici l'Agneau de Dieu, voici celui qui efface les péchés du monde ! » Puis eut lieu la scène du baptême, si touchante d'humilité. Ensuite les cieux s'ouvrirent, l'Esprit de Dieu en descendit sous la forme d'une colombe, se posa sur Jésus, et une voix retentit : « Celui-ci est mon Fils bien-aimé, en qui j'ai mis mes complaisances. »

Existe-t-il un fleuve dont l'histoire soit plus illustre et qui ait ramassé plus de gloire dans le cours des âges ? Le Jourdain n'a pas la valeur de tel ou tel puissant cours d'eau qui sème la richesse et la fécondité dans les campagnes ou dans quelque ville populeuse et industrielle. Il court dans une large tranchée sablonneuse aux bords escarpés, cachant son lit dans un fouillis de tamaris, de saules, de mimosas, de roseaux, de broussailles, où se réfugient les sangliers. Les dunes convulsées qui l'enserrent de toutes parts lui font un cadre de désolation, et il traîne comme à regret ses eaux bourbeuses au gouffre de l'oubli. Et cependant sa gloire est incomparable, sa renommée éclipsera toujours celle des fleuves les plus fameux, et quand on peut se vanter d'une histoire comme celle qui s'est déroulée sur ses bords, on commande à jamais la vénération des hommes et des siècles.

***

Avant de nous arracher à ces rivages bénis, jetons un coup d'œil sur le mont Nébo, dont la croupe arrondie s'élève au-dessus de la ligne horizontale du plateau de Moab. De ce sommet l'œil découvre presque toute la Palestine. Moïse dut se contenter de cette vision lointaine. Il salua du regard la Terre promise sans pouvoir y entrer, après avoir composé ce cantique d'un lyrisme si enthousiaste qu'aucune poésie dans aucune langue n'a jamais égalé la sublimité de ses accents. Puis il mourut là, sur l'ordre de Dieu, et les anges l'ensevelirent dans un lieu secret qui est toujours resté inconnu. Dieu enlevait ainsi aux Hébreux portés à l'idolâtrie la tentation de faire de Moïse une divinité.

Plus tard, à l'époque de la captivité, Jérémie cacha au mont Nébo l'arche d'alliance, pour la soustraire à la profanation des Babyloniens, et on ne l'a plus revue. A ses contemporains qui désiraient connaître cette cachette Jérémie répondit, en blâmant leur curiosité : « Ce lieu demeurera inconnu jusqu'à ce que Dieu rassemble son peuple dispersé. » (*II Macch.* II, 4-7.)

Souvenirs de Jéricho.

En retournant à Jéricho, la route — ou ce qui en tient lieu — suit l'itinéraire des Hébreux après le passage du Jourdain ; elle longe une petite ondulation couronnée par un bouquet de tamaris et de caroubiers. C'est *Galgala*, lieu célèbre par les événements bibliques dont il fut témoin.

Après avoir franchi le fleuve, les Hébreux campèrent ici pendant quelques mois. Sur ce tertre, Josué fit dresser les douze pierres, symbole des douze tribus, qu'il avait ordonné de ramasser dans le lit du Jourdain, et il dit aux enfants d'Israël : « Quand vos fils vous demanderont : Que signifient ces pierres ? vous répondrez : Le Seigneur mit le Jourdain à sec, et Israël passa. » (*Jos.* IV, 20.) Ils fêtèrent ici la première Pâque palestinienne, et désormais la manne cessa de tomber. L'arche y séjourna six ans, et ce lieu devint un point de ralliement pour le peuple, qui y tint plus tard de solennelles réunions. Saül y fut proclamé roi et, après ses désobéissances, déclaré déchu du trône, par Samuel. D'ici Josué conduisit les Hébreux au siège de Jéricho, « ville fortifiée et bien munie ». Ce fut un siège peu ordinaire. Pendant sept jours on fit une procession autour des murailles, en portant l'arche et en sonnant des trompettes. Le septième jour, la procession se répéta sept fois, et l'enceinte s'écroula d'elle-même (*Jos.* VI).

Des fouilles récentes ont fixé l'emplacement de la Jéricho chananéenne et confirmé point par point ce que les Livres Saints nous apprennent de son histoire. Elle était située dans le voisinage de la Fontaine d'Elisée, une magnifique source qui sort à gros bouillons des racines du mont Karantel. A cause de l'abondance de ses eaux claires, les Arabes l'appellent *Aïn-es-Soultan*, la source du sultan; ils attribuent à leur Padischa tout ce qui sort de l'ordinaire, suivant en cela, mais avec moins de raison, le procédé hébraïque d'attribuer à Dieu tout ce qui brillait par quelque singulière magnificence. Une belle montagne était une « montagne de Dieu », une riante oasis était un « paradis de Dieu ». Les Arabes mettent le sultan à la place, mais c'est la même tournure d'esprit. Dans notre langage moins imagé, nous dirions platement : la fontaine par excellence. La dénomination de « Fontaine d'Elisée » lui vient d'un miracle accompli ici par le prophète. Les eaux étaient très mauvaises, et les habitants entretinrent Elisée de cette désolation pour l'apitoyer sur leur triste sort. Le prophète se fit apporter

Phot. Schober.

LA JÉRICHO MODERNE

du sel dans une écuelle neuve et, s'étant approché de la source, il y jeta le sel en disant : « Ainsi parle Jéhovah : J'assainis ces eaux, il n'en sortira plus ni mort ni stérilité. » Et les eaux furent assainies à partir de ce moment et sont restées excellentes (*IV Reg.* II, 19-22).

*

Hérode le Grand bâtit une autre Jéricho, plus au Sud, et en fit une luxueuse station hivernale avec palais, cirques, théâtres, jardins merveilleux. Elle était blottie dans une oasis de palmiers : d'où son surnom « ville des palmes ». Mais cette Jéricho n'a rien de commun avec celle des Chananéens, pas même l'emplacement. Elle eut pourtant une gloire meilleure, celle de voir Jésus dans ses murs. Il ne la conquit pas, comme Josué avait fait l'ancienne, mais il en partit à la conquête du monde par sa mort sur le Calvaire, comme Josué était parti de l'autre pour la conquête de la Terre promise.

Un jour qu'il traversait la Jéricho d'Hérode, Jésus logea dans la maison de Zachée, cet honnête publicain, petit de taille, qui était monté sur un sycomore pour voir passer le Sauveur. Jésus lui dit : « Descends, je vais chez toi. » (*Luc.* XIX, 1-9.)

C'est là encore que Jésus rendit la vue à l'aveugle Bar-Timée, qui criait sur le bord du chemin : « Fils de David, faites que je voie! » (*Luc.* XVIII, 38-43.)

C'est de là enfin que Jésus partit pour aller ressusciter son ami Lazare, à Béthanie, et se livrer ensuite à Jérusalem entre les

XLVIe PÈLERINAGE DE PÉNITENCE — LE CHEMIN DE CROIX DEVANT LE SAINT-SÉPULCRE

mains de ses ennemis qui le crucifièrent. Il en avertit clairement ses apôtres : « Enfin nous allons à Jérusalem, et là tout ce qui a été écrit par les prophètes touchant le Fils de l'homme sera accompli ; car il sera livré aux Gentils, on se moquera de lui, on le flagellera, on lui crachera au visage, on le fera mourir, et il ressuscitera le troisième jour. » (*Luc.* XVIII, 31, 32, 33.)

Il ne reste rien aujourd'hui de cette seconde Jéricho.

La troisième, la Jéricho moderne, est un misérable village composé de quelques huttes en torchis. Il est situé entre les ruines de la Jéricho chananéenne et celles de la Jéricho d'Hérode. Les cabanes et les tentes de ce bivouac sont habitées par des fellahs déguenillés, à mauvaise mine, moitié nègres, moitié bohémiens, qui ne paraissent pas être de race arabe. Parmi cette sorte de campement en désordre, s'élèvent plusieurs hôtels et un hospice russe, à l'usage des pèlerins et des touristes ; mais ces monuments, en dépit d'une certaine prétention, ne déparent pas ces lieux désolés. Ils sont assez dans la couleur locale, et le confortable n'y a pas élu sa demeure. D'abord la température de fournaise qui règne ici se charge de l'en bannir et d'y rendre tout au moins les nuits fort pénibles, avec l'aide des moustiques et de toutes les espèces de bestioles piquantes et suçantes de la création. Ajoutez-y les scorpions et les serpents que l'on trouve quelquefois mollement couchés dans son lit. Ensuite ces hôtels sont ordinairement vides et sans provisions. Il ne faut pas y arriver à l'improviste. Quand on se propose d'y loger, on a soin d'avertir le propriétaire, qui descend de Jérusalem avec les serviteurs et tout ce qu'il faut pour héberger d'honnêtes gens.

Les pèlerins quittent Jéricho à midi pour monter à Jérusalem. Les premières heures sont particulièrement pénibles sous le soleil de feu, d'autant plus que la longue côte d'*Adoummin* ou montée du Sang, à cause de sa raideur et du mauvais état de la route, oblige à descendre de voiture et à marcher à pied. Il y a de quoi suer sang et eau. N'importe, on est heureux de peiner dans cette rude ascension que Notre-Seigneur n'a jamais gravie autrement. Nous savons du moins que nous n'allons pas à Jérusalem pour être crucifiés. Mais bientôt nous retrouvons nos voitures. A mesure que nous montons, l'air devient plus respirable. La nuit nous saisit sur la pente de Béthanie, et nous sommes à Notre-Dame de France à 8 heures du soir.

Cérémonies à Jérusalem.

Pour être complet, il nous faudrait raconter nos stations aux principaux sanctuaires de la Ville Sainte, au Saint-Sépulcre, au Calvaire, à l'*Ecce Homo*, à Gethsémani, au mont des Oliviers, à l'Ascension, au *Pater*, au mont Sion, au Cénacle, à la Dormition, à Sainte-Anne, à Saint-Etienne ; nos visites à la mosquée d'Omar, au mur des pleurs, au tombeau de la Vierge, à la vallée de Josaphat, à Saint-Pierre in Gallicante, les excursions à Saint-Jean in Montana, à la Visitation, à Saint-Sabas, à Koubeibèh ; notre magnifique procession à travers la Ville Sainte pour notre entrée solennelle au Saint-Sépulcre ; l'émouvant chemin de croix si apostoliquement prêché par le R. P. Paul d'Orléans ; l'affectueux accueil de Mgr Piccardo, auxiliaire de Mgr le patriarche Camassei, absent ; le dévouement de la Custodie de Terre Sainte, arrangeant toutes choses pour la plus grande commodité du pèlerinage et pour donner à tous les prêtres la consolation de célébrer la messe sur le tombeau du Sauveur ; l'empressement sympathique et intelligent du consulat de France, perpétuellement à la disposition des pèlerins ; enfin l'affectueux et délicat accueil de tous. Mais ce serait interminable, et, du reste, nos lecteurs sont saturés de ces récits qui se répètent deux fois par an. C'est nouveau sans doute pour les derniers pèlerins, mais c'est de l'archi-connu depuis de longues années. Il se peut que la monotonie, quand il s'agit des émotions les plus douces et les plus profondes, ne fatigue pas et soit la moins ennuyeuse de toutes, nous n'avons cependant pas le courage de l'infliger à nos lecteurs.

Rappelons seulement le nom des prêtres du pèlerinage qui, par leur empressement à rendre service, ont contribué à l'éclat des cérémonies pendant le séjour à Jérusalem.

M. le chanoine Bonifay, curé-doyen de La Seyne-sur-Mer, chanta la messe dans l'édicule du Saint-Sépulcre, d'une voix si puissante et si triomphale qu'elle aurait été capable de renverser les gardes du tombeau s'ils avaient encore été là.

A l'*Ecce Homo*, le célébrant fut M. l'abbé

NOTRE-DAME DE FRANCE

David, le diacre M. l'abbé Mulier, le sous-diacre M. l'abbé Singer, tous prêtres du diocèse de Cambrai, et le prédicateur M. l'abbé Siebert, curé-archiprêtre de Moyeuvre-Grande, en Lorraine.

Au sanctuaire du *Pater*, nous eûmes, avant le salut du Saint Sacrement, une pieuse exhortation de M. l'abbé Chaffanjon, chapelain de Fourvière, à Lyon, et, chez les religieuses de Marie-Réparatrice, un sermon de M. l'abbé Bailleul, prêtre du diocèse de Cambrai.

Au sanctuaire de la Dormition, où, à cause du voisinage du Cénacle, le pèlerinage célébra la Pentecôte, la messe fut chantée par un prêtre américain, M. l'abbé Schaus, assisté de son frère, comme diacre, et de M. l'abbé Maguire, Canadien, comme sous-diacre. M. l'abbé Olivier Dabescat fit une vibrante allocution.

A Sainte-Anne, maison de la Sainte Vierge et sanctuaire de la France, les officiants à la grand'messe furent les prêtres du diocèse de Paris, avec la présence officielle des membres du consulat de France en grande tenue. C'est l'Immaculée Conception et c'est Lourdes, avec la piscine probatique toute proche, qui rappelle si vivement la piscine des miracles.

A Saint-Etienne, en présence également du consulat de France, les cérémonies de la messe furent confiées aux prêtres du Canada. Les Pères Dominicains réunirent ensuite, comme à l'ordinaire, autour de M. Ronflard, vice-consul et gérant du consulat de France en l'absence de M. le consul général, tous les pèlerins dans la grande salle de l'Ecole biblique, pour une collation aimablement servie par eux, et on s'y lapida, selon la tradition, avec d'aimables toasts.

M. l'abbé Guichard, curé-doyen de Dole, adressa aux religieux de Notre-Dame de France des remerciements pleins d'humour pour leurs bons soins, leurs savantes explications et toutes sortes de vertus que les pèlerins, non moins perspicaces que bienveillants, leur avaient découvertes.

On nous excusera d'oublier des noms, mais nous avons hâte de sortir de ces énumérations qu'on pourrait trouver fastidieuses.

Le 14 septembre, fête de l'Exaltation de la Sainte Croix, une cérémonie spéciale nous réunit au Saint-Sépulcre. Les Pères Franciscains y célébraient, en ce jour du triomphe de la Croix, le centenaire de l'édit de paix accordé à l'Eglise par Constantin, et ils y avaient spécialement invité les pèlerins de la Pénitence. Après la messe chantée au Calvaire, une somptueuse procession se déroula autour de l'édicule du Saint-Sépulcre, dont elle fit trois fois le tour, au chant des hymnes liturgiques. Tous les prêtres du pèlerinage, ainsi que les Pères de la Custodie, étaient en chape ou en chasuble, et cette longue et riche théorie d'habits sacerdotaux était majestueuse et triomphale. Le président custodial portait l'insigne relique de la vraie Croix et était suivi, comme d'une garde d'honneur et de protection, des membres du consulat de France en grand costume et au grand complet, qui fermaient la marche. Ils rappelaient la nation protectrice des Saints Lieux et ces envoyés francs du roi Dagobert qui assistèrent, en 629, à côté de l'empereur Héraclius, à la première fête de l'Exaltation de la Croix. La présence officielle de la France sur le Calvaire et auprès du tombeau du Christ remonte haut dans l'histoire, qui en fait déjà mention sous les empereurs byzantins, avant la conquête de Jérusalem par les musulmans, et on ne s'étonne pas que le khalife Haroun-al-Raschid ait envoyé à Charlemagne les clés du Saint-Sépulcre et de la primitive basilique constantinienne.

* * *

Nous avons eu l'agréable surprise, pendant notre séjour à Jérusalem, de voir ajouter deux superbes tableaux de M. Paul-Hippolyte Flandrin aux décorations du même artiste qui ornent les murs de l'église de Notre-Dame de France. Ce sont deux fleurons nouveaux pour la couronne de Marie. L'artiste s'est proposé de faire proclamer par les murs du beau sanctuaire les gloires de Notre-Dame de France. Aussi, tout y parle de la Sainte Vierge et de ce coin de terre qu'on a appelé son royaume : *Regnum Galliæ, regnum Mariæ.*

Déjà, sur le grand arc qui encadre le maître-autel, s'épanouit, depuis 1910, le couronnement triomphal de la Sainte Vierge dans le ciel, au milieu des chœurs angéliques, tandis que, dans le bas de la composition, on voit des groupes de saints français : à droite, saint Denis, saint Martin, saint Louis, saint Vincent de Paul, saint Benoît Labre ; à gauche, les saintes Clotilde, Radegonde, Geneviève, et les bienheureuses Jeanne d'Arc et Marguerite-Marie.

Les murs de la nef sont destinés à recevoir

NOTRE-DAME DE LOURDES
Peinture de P.-H. FLANDRIN, à Notre-Dame de France, à Jérusalem.

des peintures qui montreront : à droite, les gestes historiques de la France en Terre Sainte; à gauche, le culte de Marie en France.

Ces deux séries furent amorcées en 1910 et on admirait déjà deux magnifiques compositions : d'un côté, *Notre-Dame de Chartres* avec les druides offrant leurs hommages à la Vierge devant enfanter, *Virgini pariturœ;* de l'autre, *Charlemagne recevant les clés du Saint-Sépulcre.*

Cette année, M. Paul-Hippolyte Flandrin a continué la double série par deux superbes toiles que nous avons vu marouffler par le P. Etienne, l'architecte-décorateur de Notre-Dame de France. Ce sont *Notre-Dame de Lourdes*, qui fait suite, du côté de l'Evangile, à la série *Marie au pays de France*, et l'*Arrivée des Croisés en vue de Jérusalem*, qui complète, du côté de l'Epître, la série *la France au pays de Marie.*

Ces toiles se font pendant et mesurent environ 5 mètres de longueur.

Le tableau de Lourdes reproduit le paysage bien connu de la petite ville pyrénéenne. Un pèlerinage idéal s'avance à travers la prairie qui fait face à la Grotte. Ce n'est plus par cette voie que les pèlerinages arrivent aujourd'hui à Massabielle, mais c'est par là qu'y vinrent les premiers groupes de pèlerins, avant les modifications qui transformèrent les abords de la Grotte miraculeuse. Les représentants de toutes les classes de la société

ARRIVÉE DES CROISÉS EN VUE DE JÉRUSALEM
Peinture de P.-H. FLANDRIN, à Notre-Dame de France, à Jérusalem.

figurent dans ce cortège; les malades y sont aussi dans ce grabataire qui se soulève sur son brancard en signe de confiance en Marie. C'est un raccourci de ce qu'on voit quotidiennement à Lourdes. Le paysage, illuminé par le soleil couchant, est d'une fidélité irréprochable; d'aucuns même seraient tentés de la trouver trop servile, si l'exactitude n'était pas la qualité maîtresse dans une composition de ce genre.

Dans l'*Arrivée des Croisés en vue de Jérusalem*, le soleil couchant éclaire aussi les collines et la Ville Sainte, qui apparaît à peine comme une tache blanche dans un lointain indécis. La surprise, l'émotion, le recueillement, l'admiration, l'enthousiasme, tous les sentiments religieux les plus variés et les plus profonds se peignent dans les gestes et l'attitude des croisés, moitié guerriers, moitié pèlerins. C'est une scène vivante et bien ordonnée. La sobriété du décor et la sévérité du paysage, outre qu'ils sont dans la couleur locale, contribuent à concentrer l'attention du spectateur sur la manifestation des sentiments pieux que l'artiste a voulu exprimer.

Ces peintures chantent la gloire de Marie et de la France. Elles ont grande allure par le dessin impeccable, par le coloris sobre et plein de fraîcheur, par l'atmosphère de recueillement mystique qui les enveloppe de toute part. L'artiste a peint religieusement des sujets religieux; il a du reste de qui tenir et il se montre le digne héritier d'un nom glorieux. Lorsque le programme que s'est proposé M. Paul-Hippolyte Flandrin sera achevé, l'église de Notre-Dame de France, aux lignes architecturales si énergiques et si expressives, sera un incomparable bijou.

Phot. Colas.

DÉPART DE JAFFA

IV. — DE JAFFA A MARSEILLE

par l'Égypte et l'Italie.

Départ de Jérusalem.

Le départ de Jérusalem était fixé au vendredi 19 septembre.

Après avoir, non sans quelque mélancolie, chanté nos adieux à la sainte Sion, à l'hospitalité si cordiale et si agréable de Notre-Dame de France, à tous ces lieux bénis qui nous ont remplis de si pénétrante émotion et nous laisseront des souvenirs impérissables, nous prenons le chemin de la gare. Le train, qui partit à midi, nous déposa à Jaffa à 4 h. 1/2 du soir.

On se rend aussitôt à bord par mer calme. L'embarquement des passagers et des bagages fut rapide. Tout est, du reste, parfaitement organisé, et les pèlerins sont merveilleusement rompus à toutes les manœuvres de terre et de mer. Aussi à 5 h. 1/2 l'*Etoile* lève l'ancre, et nous regardons longtemps avec des yeux de regret fuir les rivages de la Terre Sainte, qui s'enfoncent dans les flots bleus, jusqu'à ce que la tache blanche de Jaffa, de plus en plus petite, disparaisse à son tour dans la brume du soir et dans les ténèbres de la nuit. Mais le souvenir de la vision sereine nous suivra longtemps et sera pour tous un attrait puissant de retour. Nul ne se résout à dire un adieu éternel à la terre mystérieuse et bénie qui, malgré sa tristesse et sa désolation, a des enchantements toujours nouveaux et des joies intimes qui ne lassent jamais.

Phot. Dr Faucon.

UN CANAL EN ÉGYPTE

La nef a mis le cap sur Port-Saïd, où nous arrivons le samedi matin, 20 septembre, aux premières heures du jour. Les terres basses d'Egypte et ses palmiers émergent de l'eau avec l'aube. C'est toujours l'Orient, mais combien différent de celui que nous quittons! Le monde antique païen et panthéiste est toujours ici présent par ses monuments qui défient les siècles et ses tombeaux qui semblent défier la mort jusque dans son propre domaine. Le sphinx y garde toujours l'énigme de la plus vieille civilisation humaine, et les progrès de l'industrie moderne y mettent en œuvre toutes les ressources de la civilisation contemporaine la plus avancée. Sur la longue jetée qui défend la rade de Port-Saïd contre le limon du Nil se dresse la statue de Ferdinand de Lesseps, dont le génie a percé l'isthme de Suez et a fait, en mariant les océans, un monument plus utile que ceux des pharaons les plus puissants et les plus fastueux.

Phot. Kerchove.

BORDS DU NIL

L'Égypte.

N'oublions pas que l'Egypte est presque le complément obligatoire d'un pèlerinage au pays du Christ. Elle est comme une annexe de la Terre Sainte. Les patriarches y sont venus. Joseph, vendu par ses frères à des marchands madianites, fut exposé sur les marchés de Memphis comme un vil bétail, acheté comme esclave, et, après d'étranges vicissitudes, devenu premier ministre du pharaon, il sauva ce pays d'une famine qui dura sept ans. Le peuple de Dieu habita pendant plus de quatre siècles la terre de Gessen et s'y multiplia si merveilleusement que, étant arrivés au nombre de soixante-dix, ils étaient deux millions quand ils en sortirent. C'est sur les bords du Nil que Moïse fut sauvé des eaux. C'est devant Pharaon qu'il accomplit les étonnants prodiges par lesquels Dieu força les Egyptiens à laisser partir son peuple pour la Terre promise. Ici fut instituée la Pâque, qui sauva les premiers-nés des enfants hébreux par la protection du sang de l'agneau, symbole prophétique de la Pâque que Notre-Seigneur célébra dans son propre sang pour le rachat du monde entier. Ici encore, après les dix fameuses plaies d'Egypte, s'accomplit le miracle du passage de la mer Rouge, dont les eaux se divisèrent pour laisser fuir les Hébreux à pied sec et se refermèrent pour engloutir l'armée égyptienne qui les poursuivait.

Plus qu'aucune autre nation, l'Egypte resta en relation avec le peuple de Dieu. Les prophéties retentissent sans cesse de son nom, tantôt pour des menaces, tantôt pour des bénédictions. Isaïe dit clairement que « cinq villes égyptiennes parleront la langue des vrais Israélites et jureront par le Dieu des armées » ; que l'une d'entre elles « s'appellera la ville du soleil » (Héliopolis); qu'il « y aura un autel du Seigneur au milieu de l'Egypte » (*Is.* XIX, 18, 19). Dieu tient l'Egypte dans sa main comme une verge dont il châtie son peuple à lui. « Il appelle, comme d'un coup de sifflet, la mouche qui est à l'extrémité des fleuves d'Egypte », pour qu'elle vienne faire sentir aux Juifs rebelles le dard des vengeances célestes. *Sibilabit Dominus muscæ quæ est*

Phot. L. Gottas.

ROUTE DU CAIRE AUX PYRAMIDES

in extremo fluminum Ægypti (*Is.* VII, 18).

Une colonie juive prospérait en Egypte du temps de Jérémie et y avait même élevé un temple au vrai Dieu, à l'imitation de celui de Jérusalem. Il dura plusieurs siècles, et des

XLVIe PÈLERINAGE DE PÉNITENCE A JÉRUSALEM (AOUT-SEPTEMBRE 1913)

fouilles récentes en ont mis les ruines à jour.

C'est en Egypte que fut faite, sous les Ptolémées, la première version grecque officielle des Livres Saints, celle des Septante.

C'est pour les frères d'Egypte que paraît avoir été écrit le second livre des Macchabées.

Enfin voici Notre Seigneur qui vient, comme le patriarche Joseph, comme le peuple de Dieu, passer en Egypte les années de son exil. *Ex Ægypto vocavi Filium meum*, avait annoncé Jéhovah par le prophète Osée (xi, 1). Nous allons surtout vénérer les traces de Jésus. L'Evangile n'indique pas le lieu précis où vécut la sainte Famille. Peu importe, la tradition y suppléera si elle peut. Et puis ne nous suffit-il pas de savoir que

LE CAIRE

Jésus, la Sainte Vierge et saint Joseph ont respiré l'air que nous respirons, foulé le sol que nous parcourons, que leurs yeux ont vu ces mêmes horizons, ces mêmes monuments, les pyramides, l'obélisque d'Héliopolis toujours debout, ce Nil qui arrose toujours ces mêmes campagnes. Voilà le véritable attrait de l'Egypte pour les pelerins.

Il y aurait aussi les souvenirs chrétiens qu'il serait agréable et sanctifiant de rechercher et de vénérer, car peu de pays ont joué un rôle plus considérable que l'Egypte dans l'histoire du christianisme. Nulle part, dès les premiers siècles de l'Eglise, on ne rencontre une ardeur plus passionnée, un enthousiasme plus mystique pour les choses de la foi. Même alors que les plus actives persécutions sévissaient dans tout l'empire romain,

Alexandrie méritait le nom d' « Athènes chrétienne ». La philosophie de Platon faisait alliance, sur les bords du Nil, avec la doctrine du Christ. Les Pantène, les Clément, les Origène, les Athanase lui donnaient un éclat incomparable, et l'ascétisme, fruit naturel de la sublime beauté de la pensée chrétienne, ne prit nulle part un plus prodigieux essor. Les Pères du désert ont fleuri les plus âpres solitudes de leurs austérités et de leurs vertus. Les Paul, les Antoine, les Pacôme et tant d'autres — ces héros effrayants de sainteté — ont acclimaté à l'ombre de la croix l'humilité, le renoncement, la mort à soi-même sur un sol qui n'avait produit pendant des siècles, avec l'idolâtrie la plus extravagante, que

DE LA CITADELLE

l'orgueil, la luxure, la dissolution la plus effrénée. Dieu récompensait ainsi l'Egypte de l'hospitalité qu'il en avait reçue.

Nous n'aurons pas le temps de rechercher ces souvenirs des âges de foi, ensevelis sous les flots de l'islam, mais nous ne les oublions pas; ils sont pour des pèlerins un attrait nouveau et nous les saluons du moins avec émotion sur le seuil de ce pays mystérieux.

Séjour au Caire.

Les pèlerins sont distribués dans deux hôtels très confortables, ce qui ne leur permet guère de méditer sur le dénuement de la sainte Famille à son arrivée dans ces régions.

Le Caire, ville immense, intéressante, de population dense et très mélangée, n'existait pas du temps de Notre-Seigneur, puisqu'elle a été fondée en 969 par El-Gobar, général des sultans fatimites du Maghreb, mais sa position au centre des principaux souvenirs bibliques et évangéliques facilite les excursions des pyramides à l'Ouest, de Memphis au Sud, d'Héliopolis au Nord-Est, sans compter tout ce qu'il y a d'intéressant à voir dans la ville elle-même.

Les Pyramides.

Notre première visite est pour les pyramides et pour le sphinx colossal qui semble les garder; nous leur consacrons la soirée du samedi, jour de notre arrivée. Qui ne connaît ces monuments, au moins par des photographies ou des descriptions? Le sujet est épuisé. Mais l'œil et l'esprit ne se rassasient pas d'admirer ces bornes gigantesques qui paraissent marquer la limite du désert et vouloir éterniser la majesté de la mort. Voilà des témoins muets d'une histoire de quatre mille ans.

Il faudrait du temps pour les interroger et leur faire raconter tout ce qu'ils savent.

Les pèlerins se font photographier au pied de la pyramide de Khéops, pour associer le court instant de leur fugitif passage à la durée des millénaires que ces blocs de granit contemplent sans s'émouvoir. Pendant que le photographe braque son appareil, dispose pittoresquement le groupe et commande l'immobilité aux turbulents pèlerins que le voisinage de la pyramide ne parvient pas à rendre graves, un autre chevalier de la chambre obscure accourt, hâte ses préparatifs et parvient à déclancher le déclic de son instrument avant celui qui, par son initiative, avait des droits de priorité. D'où, entre les deux artistes, une dispute des plus comiques, capable de dérider la pyramide elle-même.

Phot. L. Colas.

L'ARBRE DE MATARIEH

Héliopolis.

Le dimanche 21 septembre, dès 5 heures du matin, des voitures nous transportent à Matarieh (10 kilomètres au Nord-Est du Caire) où nous allons vénérer l'arbre de la Sainte Vierge et les souvenirs de la sainte Famille. Plusieurs autels portatifs dressés, autour de l'arbre traditionnel permettent à tous les prêtres de célébrer la messe en ce lieu béni. Là aussi se célèbre la messe du pèlerinage, à laquelle presque tous les pèlerins participent par la communion. Ensuite, après une réconfortante collation servie sous les frais ombrages par les Pères Jésuites, qui ont ici leur maison de campagne, et un agréable repos dans leur merveilleux jardin, un salut du Saint Sacrement nous réunit dans la nouvelle chapelle, embellie par de récentes peintures d'un grand mérite. Le R. Père recteur du collège nous adresse une allocution aussi pieuse qu'instructive.

Puis nous allons visiter, à un quart d'heure d'ici, l'ancienne Héliopolis, une des plus vieilles cités d'Egypte, qui fut capitale avant Thèbes et avant Memphis. Toutes ses splendeurs ont disparu, sauf un obélisque encore debout, qui est le plus antique de ceux que l'on connaît. Il fut placé là deux mille sept cents ans avant Notre-Seigneur.

Au retour, nos voitures traversent la nouvelle Héliopolis que de hardis industriels ont fait pousser dans le sable comme par un coup de baguette magique. Hôtels luxueux où s'étale avec complaisance le confort moderne le plus raffiné, magnifiques palais prétentieux et criards, casinos hétéroclites, lieux de plaisir insolents et tapageurs, les *Magic City* et les *Luna Park* importés du Nouveau Monde avec tout le cortège des « attractions » pour désœuvrés et neurasthéniques; une cathédrale catholique qui est une réduction de Sainte-Sophie de Constantinople, tout cela voisine, tout cela rutile sous le soleil éclatant, et tout cela forme un violent contraste avec le désert qui lui sert de ceinture. Les arbres et les jardins ne sont pas venus aussi vite que les maisons, et la jeune ville, éblouissante dans sa blancheur toute neuve, sans aucune verdure pour en tempérer l'éclat, reçoit l'impitoyable flambée du soleil qui la rôtit au milieu du sable jaune, son seul décor. On compte sur les snobs des deux hémisphères pour venir peupler pendant l'hiver la monstrueuse cité et rembourser les millions dont il a fallu semer ces landes désertes pour l'en faire surgir. L'ar-

Phot. Laboric.

TEMPLE DU SOLEIL AU PIED DES PYRAMIDES

GROUPE DE PÈLERINS AU PIED DE LA GRANDE PYRAMIDE

Phot. Ch. de Montalembert.

OBÉLISQUE D'HÉLIOPOLIS

rivée du patriarche Jacob et des siens en Égypte ne fut pas préparée de la sorte.

Memphis et Sakkarah.

Dans la soirée de ce même dimanche s'organise l'excursion facultative de Memphis et de Sakkarah; une heure de chemin de fer jusqu'à Bédréchein, sur la ligne de la Haute-Égypte, puis deux heures de bourricot. Il faut prévoir, naturellement, le nombre des pèlerins, afin de prévenir les âniers d'avance et de trouver, à la descente du train, « autant d'ânes que de pèlerins », comme disait naïvement ou malicieusement — on n'a pas pu savoir — un sous-directeur plein de franchise.

Elle est pittoresque, cette course à baudet, qui ne va nullement au pas, mais à une allure de charge fantastique, sans pitié pour les cavaliers et amazones novices, qui se cramponnent à la selle, poussent de petits cris effarouchés, roulent sur le sable s'ils ne peuvent faire autrement, remontent, retombent — pas de bien haut, heureusement — et finissent tout de même par arriver, satisfaits et fiers de l'entrain de leur monture, dont ils se font gloire.

On passe d'abord à Memphis, l'immense ville, la ville énorme, qui s'étendait jadis le long du Nil sur une longueur de 25 kilomètres et une largeur moyenne de 5. Les ravages des hommes et des siècles la détruisirent si bien, qu'on a eu beaucoup de peine à retrouver son emplacement. Il faut dire, pour expliquer cette étonnante disparition, que les maisons étaient construites en briques faites de limon et cuites au soleil. En s'écroulant sur place, ces briques redeviennent de la terre et forment des monticules qui servent de tombeau aux édifices plus durables qu'ils engloutissent. Voilà ce qu'est devenue Memphis; elle n'est plus même une ruine. Le prophète Jérémie lui avait prédit cette destinée : « Memphis sera réduite en un désert, elle sera abandonnée et elle deviendra inhabitable. » (*Jer.* XLVI, 19.) Les palmiers poussent drus et magnifiques sur cette vieille cité retournée à son état primitif de limon fertile.

Sous une de ces palmeraies, on a déterré deux statues colossales de Ramsès II, le Sésostris des Grecs; l'une mesure 9 mètres de long, l'autre 13. Ce Ramsès II est le pharaon qui opprima si cruellement et si savamment (*sapienter*) les Hébreux, les employa à des ouvrages publics, ordonna de mettre à mort tous leurs enfants mâles. (*Ex.* I, 8-22.) Sa momie est parfaitement conservée au musée du Caire et garde sous le masque de la mort les mêmes traits reproduits ici par son colosse. Ce fut son fils, Ménephtah Ier, qui résista à Moïse et aux ordres du Seigneur, refusa de laisser partir les Hébreux et attira sur l'Égypte les dix plaies

Phot. L. Colas.

DANS LE DÉSERT

dont il est question dans les Saints Livres. Sa momie existe également au musée du Caire.

* * *

Après avoir dépassé le village de Sakkarah, on atteint la chaîne libyque et on tombe tout d'un coup, sans aucune transition, dans les sables brûlants du désert. Ils recouvrent de leur linceul jaune la vaste et si curieuse nécropole de Memphis, qui a conservé jusqu'à nos jours les tombeaux et les cadavres momifiés des pharaons, des grands personnages de la cour et des animaux sacrés, les bœufs, les ibis, les chats, etc.

Sur la crête de la chaîne libyque se dressent sur le ciel clair les silhouettes de nombreuses pyramides, parmi lesquelles se fait remarquer la pyramide à degrés. Elles sont plus anciennes, mais moins imposantes et moins bien conservées que les grandes pyramides du Caire. Elles ont servi de tombeaux aux pharaons des premières dynasties.

Dans les dunes de sable sont creusés les *mastabas* fameux ornés de peintures et de bas-reliefs qui sont la gloire de l'ancien empire, et les longues galeries du Sérapéum. Un savant français, Mariette, a fait ici les plus heureuses découvertes.

Nous visitons le Sérapéum, nécropole des bœufs Apis, où gisent encore les sarcophages de ces étranges divinités, sarcophages colossaux, — nécessairement, mesurés à la taille de ces grosses bêtes, — d'un seul bloc, en magnifique granit de Syène. Ils

Phot. L. Colas.

LE P. DIRECTEUR
APRÈS LA MESSE DE L'ÉQUIPAGE

n'ont pas moins de 4 à 5 mètres de longueur, 3 à 4 de hauteur et 3 de largeur. Quelle stupide magnificence pour conserver des charognes de bœufs.

Phot. L. Colas.

DANS LES PALMERAIES DE MEMPHIS

Nous visitons aussi le *mastaba* (tombeau) de *Ti*, « un des familiers du roi, chef des portes du palais, chef des écritures royales, commandant des prophètes ». Tels sont les titres du personnage, selon l'inscription qui orne l'entrée du monument. Cet hypogée, composé de plusieurs chambres sépulcrales, renfermait toute la famille de *Ti*, sa femme *Nefer-Hotep*, « palme d'amour pour son époux », et ses enfants, qui vivaient tous à Memphis sous la Ve dynastie. Sur les parois des chambres sont retracés, en une série de scènes extrêmement intéressantes, les usages et les croyances du temps. C'est toute la vie du

Phot. F. Cuzin.

SUR L' « ETOILE »
PROCESSION ET BÉNÉDICTION DU SAINT SACREMENT

mort qui y est racontée par l'image. Les autres *mastabas* ressemblent plus ou moins à celui-là. Qui en a vu un les a vus tous.

*
* *

Le groupe de Sakkarah rentre à la gare de Bédréchein à la nuit. Là, le train se fait longtemps attendre et ne ramène les pèlerins au Caire que vers 10 heures du soir. C'est une soirée fatigante, mais combien intéressante et instructive! Les restes encore si vivants de ce passé lointain que nous avons entrevu évoquent un des plus curieux aspects d'un monde disparu à tout jamais.

Visite du Caire.

La matinée du 22 septembre, après la messe du pèlerinage célébrée dans l'église paroissiale des Pères Franciscains de la Custodie, fut entièrement consacrée à la visite du Caire. Le service bien organisé des voitures nous permet de voir beaucoup de choses en peu de temps. Nos principales étapes sont la *mosquée du sultan Hassan*, le plus remarquable monument de l'architecture byzantino-arabe; la *citadelle*, bâtie par Saladin sur les hauteurs du Mokattam, d'où la vue sur la ville et la vallée du Nil est incomparable; la *mosquée d'albâtre* de Méhémet-Ali, si riche, si élégante, dont les deux sveltes minarets se voient de partout; le *Vieux Caire*, où l'on montre dans le tortueux et infect labyrinthe du quartier copte, sous les misères de l'église *Saint-Georges*, une crypte où la sainte Famille aurait séjourné; enfin le *musée des Antiquités*. Là il faudrait passer non pas une heure, mais des semaines et des mois. Toute l'histoire de l'ancienne Egypte est racontée sur ces pierres, ces stèles, ces momies, ces cénotaphes, ces papyrus, ces bijoux, ces lames d'or, ces statues, ces débris et ces monuments de tous les âges. Et ce qui est le plus impressionnant, c'est que tout cela sort des tombeaux. La mort est devenue bavarde et révèle au grand jour les mystères de l'antiquité et les vieilles années des pharaons, tombés depuis de longs siècles dans le gouffre du temps. Le musée du Caire est presque exclusivement un musée funéraire qui ressuscite le passé et nous transporte aux jours lointains de la vie intense de ces peuples abolis.

*
* *

Les premières heures de la soirée, avant le départ, permettent à quelques-uns d'aller visiter les *tombeaux des khalifes*, intéressante nécropole composée de mosquées élégantes, perdues et abandonnées au milieu des sables, à l'Est de la ville. D'autres parcourent les

LE CAIRE — PORTE DE LA FORTERESSE

bazars et achèvent d'y vider leur bourse, estimant qu'il serait indigne de rapporter en France des économies. D'autres plus sages se reposent à l'hôtel. On a tant couru ces jours-ci sous l'ardent soleil, depuis l'aurore jusqu'au soir, tard, que les plus intrépides sont un peu « vannés ».

Enfin on reprend le train à 5 h. 20. Tout le monde dîne au wagon-restaurant, en deux séries, et à 10 h. 1/2 on arrive à Port-Saïd. Une demi-heure après, tous les pèlerins sont à bord de l'*Etoile*, qui était déjà sous pression et qui s'empresse de lever l'ancre pour le retour. Nous fuyons dans la nuit, les lumières de la côte s'éteignent une à une, les puissants éclats du phare luttent seuls contre l'envahissement des ténèbres où nous nous enfonçons, nous arrachant à cet Orient que nous ne reverrons peut-être plus, mais dont la haute clarté luira longtemps aux yeux de notre âme.

JETÉE DE PORT-SAÏD ET STATUE DE LESSEPS

Le retour.

Nous voilà en haute mer. Elle nous balance sans ménagement les deux premiers jours et nous dispense d'avoir de l'entrain. Les chaises longues étendues sur le pont invitent à l'inertie, et on ne voit que gens affalés, se résignant avec mélancolie à ce jeu de balançoire, mais toujours aimables quand même.

Le Père directeur, pour nous aider à surnaturaliser le mal de mer, nous en exposa, dans une conférence, toutes les caractéristiques d'après les Livres Saints. Il est clairement décrit au psaume CVI : c'est une des œuvres du Seigneur et des merveilles qu'il opère dans la profondeur des océans. La mer courroucée, les flots qui s'élèvent sont un beau spectacle. On monte jusqu'aux cieux et on descend jusqu'aux abîmes. Malheureusement, l'âme dégringole aussi et tombe dans la défaillance, mais une défaillance odieuse, une sorte de déliquescence qui offre quelque chose de dégoûtant : *anima eorum in malis tabescebat*. On est troublé, on titube comme un homme ivre : *turbati sunt et moti sunt sicut ebrius*. On a la tête à l'envers, plus de conversations, plus d'enthousiasme, plus de poésie, plus d'éloquence, plus d'esprit, on ne sait ni quoi dire ni quoi penser, « toute sagesse est dévorée », c'est l'abrutissement général : *omnis sapientia eorum devorata est*. On ne sait plus que précipiter son angoisse aux bastingages..... et encore !

C'est bien cela, et on est tout de même consolé et presque fier de savoir qu'on a un mal de mer biblique.

La vie à bord reprend toutefois peu à peu son train ordinaire d'exercices de piété, de conférences et même de séances récréatives. Grâce à ce sage règlement plein d'hygiène morale et spirituelle, la « sagesse » revient en somme assez vite, et les angoisses s'en vont.

***

La Crète, que nous rencontrons sur notre route, nous fournit la salutaire distraction de ses sites abruptes, de son histoire fabuleuse et des souvenirs de saint Paul.

Nous retrouvons ici le grand Apôtre dans la relâche de *Bons Ports*, pendant ce fameux voyage si mouvementé qui le conduisit à Rome, à César, au tribunal duquel il en avait appelé. Il était enchaîné avec d'autres prisonniers, et son vaisseau resta quelque temps dans ce sûr mouillage en attendant les vents favorables. On était au mois d'octobre, et l'époque des navigations périlleuses approchait. Saint Paul conseillait d'hiverner dans cet abri et annonçait un temps affreux. Le capitaine, qui se croyait plus habile que ce prisonnier, ne l'écouta pas, et mal lui en prit, car, après quinze jours d'une mer abominable qui faillit cent fois briser le navire, il alla faire naufrage sur les côtes de Malte.

Saint Paul connaissait bien les Crétois, à qui il avait donné pour évêque son disciple Tite. Il lui écrivait : « Les Crétois sont des menteurs, de mauvaises bêtes, des ventres paresseux. Corrige-les durement. » (*Ad Tit.*, I.)

Cette fâcheuse réputation des Crétois était fort ancienne; il y est fait allusion dans le sophisme classique d'Epiménide de Crète. L'ont-ils perdue depuis ?

Phot. L. Colas.

NOUS NOUS LAISSONS DÉPASSER PAR LE FERRY-BOAT

L'origine de leur histoire s'estompe dans les nébulosités de la fable. Les sommets du mont Ida, que nous distinguons de loin, nous rappellent Jupiter, dérobé à la voracité de son père Saturne qui mangeait ses enfants tout crus, et nourri secrètement dans une grotte par la chèvre Amalthée, qui lui donnait son lait, et à qui, par reconnaissance, il donna plus tard une place parmi les constellations du ciel. Les dieux et les déesses ont fait par ici les cent coups. Mercure, le dieu des voleurs, ne pouvait manquer d'être particulièrement honoré en Crète. Neptune fit cadeau aux Crétois du *Minotaure*, monstre à tête de taureau qui se nourrissait de chair humaine, et que le roi Minos enferma dans le fameux *Labyrinthe*, œuvre de Dédale, dont on croit avoir découvert les ruines récemment aux environs de Gnossos. Le héros Thésée força le monstre dans son repaire et en sortit vivant, grâce au fil d'*Ariane*.

Ce sont des histoires sans fin et généralement peu édifiantes. C'est toute la mythologie, qui peut amuser un moment, mais qui ne saurait retenir trop longtemps l'attention des pèlerins. Rappelons seulement que la Crète vit, à l'aurore de la civilisation, les premiers aéroplanes. Ils furent inventés, en effet, dans cette île par l'industrieux Dédale, que Minos avait mis en prison, ainsi que son fils Icare. Dédale chercha le moyen de s'échapper, lui et son fils. Il fabriqua des ailes qu'ils s'attachèrent tous les deux avec de la cire, et ils se sauvèrent triomphants par la voie des airs. Il fallait manœuvrer le délicat appareil avec un certain art. Au moment du lâchez-tout, Dédale dit à Icare : « Vole toujours dans le milieu; trop bas, l'humidité appesantirait tes ailes; trop haut, le soleil fondrait la cire; tiens un juste milieu. » Le jeune Icare, téméraire comme la jeunesse, monta trop haut. Il eut beau appeler son père au secours, ses ailes se détachèrent, il tomba dans la mer et se noya. C'est la première victime de l'aviation. Quant à Dédale, il se

Phot. N. D.

MESSINE — CATHÉDRALE EN PLANCHES

tira d'affaire avec un plein succès. La réussite se calculait donc déjà dans la proportion de un sur deux. On ne fait guère mieux aujourd'hui, et, depuis ces temps lointains, les progrès sont restés à peu près stationnaires.

La vie à bord.

La vie à bord, ordinairement si monotone et si ennuyeuse pendant les longues traversées, revêt en temps de pèlerinage des charmes particuliers. Cela tient sans doute à la qualité des passagers qui ne forment vraiment qu'une famille : rien n'est joyeux, aimable et bon enfant comme de vrais pèlerins. Cela tient aussi au règlement du bord, règlement de couvent, qui sait remplir la journée d'occupations variées et agréables, mêlant la piété dans une sage proportion avec des exercices distrayants : conférences, séances récréatives, etc., et mettant à contribution les talents de chacun pour le plus grand bien de tous. On avait des prédicateurs remarquables qui nous édifiaient tous les jours par les pieux commentaires du chemin de croix et du chapelet, et le dimanche par des sermons apostoliques à la messe de l'équipage : c'étaient les abbés Bonifay, Guichard, Carvin, Dupré, Carbon, Bailleul, Siebert, Cuzin, Laglaine, Sorin, Delbos, etc. On eut même une procession de la Sainte Vierge comme à Lourdes, avec une grotte merveilleuse; une procession du Saint Sacrement avec un reposoir très réussi, organisé par les ingénieux matelots sous la direction du commandant et des officiers, qui firent preuve d'un esprit très inventif et très artistique. Des feux d'artifice nous permirent d'admirer la savante pyrotechnie du bord. Les conférences du Père directeur, de l'abbé Bonifay, du comte de Piellat, du Dr Murat nous instruisaient et nous charmaient tout à la fois. Des séances récréatives très réjouissantes, sous la direction de l'abbé Olivier, occupaient ordinairement la soirée et révélaient d'admirables talents de poésie et de diction. On se souviendra des chansonnettes, monologues et morceaux de choix de plusieurs jeunes religieux, des abbés Habary, Mauroux, Goujet, de MM. le vicomte du Bourblanc, Courgeon, Maille-Lavolaille, Houtard, etc. Tout cela était aussi joyeux que spirituel. L'abbé Lombard, bibliothécaire et camelot, avait des trouvailles quotidiennes pour écouler ses guides, ses cartes postales, ses marchandises diverses, et on ne résistait pas à la séduction de ses persuasifs boniments. Les journées passaient ainsi rapidement et avec un charme toujours nouveau. La traversée se transformait en véritable retraite,

UNE RUE DE POMPÉI

Phot. L. Colas.

NAPLES ET LE VÉSUVE VUS DE SAN-MARTINO

mais sans contention ni fatigue, et on voudrait bien être en retraite comme cela toute sa vie. On apprendrait au moins à être des saints joyeux. Il n'y a que ceux-là qui soient authentiques.

Arrêt à Messine et à Naples.

Notre marche vers l'Occident nous amène progressivement dans les régions plus tempérées. De jour en jour le soleil atténue ses ardeurs et la température fraîchit.

La nuit qui précéda notre arrivée en Sicile, le ciel s'obscurcit tout à fait et déchargea sur nous un furieux orage. La foudre éclatait avec fracas, et sa chute fut constatée quatre ou cinq fois à quelques mètres du bateau. Plusieurs matelots employés aux manœuvres virent de longues et aveuglantes étincelles sortir de leurs mains au contact des cordages; ils en eurent mal aux yeux pendant quelques heures.

Le matin suivant, nous débarquions à Messine, dont l'effroyable ruine atteste toujours la catastrophe du 28 décembre 1908. Nous passâmes la journée à Taormina, célèbre par son site incomparable, ses antiquités profanes, ses vieilles maisons normandes et son église de Saint-Pancrace, premier sanctuaire chrétien établi en Sicile par saint Paul, au dire de la tradition locale. Le ciel n'était pas encore remis de ses colères nocturnes et gardait un air maussade qui nous gâta quelque peu le panorama. Il nous envoya même quelques ondées. L'Etna, casqué de nuages, ne daigna pas se montrer.

Phot. L. Colas

MARSEILLE ET NOTRE-DAME DE LA GARDE

Le lendemain dimanche, nous étions à Naples. Journée délicieuse. La fameuse baie scintille sous l'éclat rutilant du soleil. Autour de cette conque unique au monde, entre l'azur de l'eau et l'azur du ciel, sertis dans un écrin de verdure avec un art très varié, brillent les diamants de Capri, Sorrente, Castellamare, Torre del Greco, Torre dell'Annunziata, Valle di Pompei, Pompei, Portici, Naples, Pouzzoles, Procida, Ischia. Le cône du Vésuve domine cet incomparable décor, réunissant en un même lieu à tous les charmes du ciel, de la terre et de l'eau, l'imprévu mystérieux des forces inconnues que notre globe renferme dans son sein incandescent.

Pendant l'escale au port de Naples, les pèlerins visitent *ad libitum* la ville, la Chartreuse de San-Martino, la cathédrale de Saint-Janvier, les ruines de Pompéi, etc. Une quinzaine de nos compagnons, désireux de retourner par Rome et de voir le Pape, nous quittent ici.

Dernière étape. Les adieux.

Enfin voici notre dernière étape. La nef est à l'embouchure du Tibre, en vue de Rome et du dôme de Saint-Pierre, le lundi matin de bonne heure. Puis nous doublons Civita-Vecchia, et sans perdre un instant la terre de vue, soit que nous longions les côtes d'Italie, soit que nous naviguions à travers les îles dont est semée la mer Thyrrénienne, nous arrivons à 8 heures du soir au cap Corse. A ce moment, tous les pèlerins se réunissent à la chapelle pour une émouvante cérémonie : le chant du psaume *Super flumina Babylonis*, et le serment de fidélité au souvenir de Jérusalem.

C'est l'élégie nationale des Hébreux captifs qui nous sert à exprimer notre attachement aux Lieux Saints. Chacun de nous va retrouver son chez soi, et cependant, comme les Juifs exilés sur les fleuves de Babylone, qui pleuraient au souvenir de la patrie aimée, nous sommes émus, nous aussi, en pensant à la sainte Sion, que nous n'avons fait qu'entrevoir, mais qui remplit nos cœurs de doux regrets comme une patrie absente. Et, du reste, la Jérusalem de la terre, image de la Jérusalem du ciel, n'est-elle pas pour tout chrétien une véritable patrie? *Super flumina Babylonis, illic sedimus et flevimus cum recordaremur Sion!* Non, nous n'oublierons pas les Lieux Saints, nous le chantons avec serment, profondément émus, la main levée devant l'autel de la chapelle de l'*Étoile*, en répétant les paroles du cantique sacré : « Si je t'oublie, ô Jérusalem, que ma droite s'oublie elle-même, et que ma langue s'attache à mon palais si je ne me propose pas Jérusalem comme le principal sujet de ma joie! »

Fin de pèlerinage.

La dernière journée fut secouée; ce n'est pas rare dans ces régions. La crainte ordinaire des navigateurs entre le cap Corse et Marseille est de trouver un « coup de chien », comme ils disent, de donner du nez dans quelque rafale de mistral, dont le souffle rageur et impétueux démonte la mer et arrête la marche. Au lieu de l'aquilon, nous rencontrâmes un fort vent d'Est, qui souleva furieusement les flots, mais qui du moins nous prit en poupe et, au lieu de nous retarder, nous poussa vers le port. Le vaisseau dansait d'une façon désordonnée et on pouvait à peine se tenir debout, mais, à défaut du pied marin, on avait le cœur solide, aguerri par la longue campagne et soutenu par l'espoir d'une prochaine délivrance. On n'était du reste pas fâché, avant d'achever le voyage, d'avoir une tempête, une vraie, une tempête « vécue »,

LA CHAPELLE DE L' « ÉTOILE »

afin de savoir au juste ce que c'est et d'enrichir notre expérience personnelle de documents authentiques.

Nous bénissions le ciel de n'avoir pas le vent en proue; il était plus commode de fuir devant la tempête que de lutter contre elle. Le bateau n'aurait peut-être pas pu vaincre l'assaut du vent et de la lame réunis, tandis que, poussé par ces deux forces, il ne souffrit d'aucun retard, malgré les éléments déchaînés; il fut même amarré au quai de Marseille un peu avant l'heure prévue, 1 h. 3/4 au lieu de 2 heures de l'après-midi.

Mais la célébration des messes fut impossible au milieu de cette sarabande effrénée. Le Père directeur se réserva cependant dans l'espoir d'une accalmie. Elle se produisit vers 10 heures du matin, à l'abri des îles d'Hyères, et nous pûmes avoir la messe du pèlerinage. Il aurait été pénible de terminer notre voyage

L' « ÉTOILE » EN PLEINE TEMPÊTE

aux Lieux Saints sans la consolation d'une dernière messe sur le bateau, le jour de notre débarquement.

Mort de l' « Étoile ».

Hélas! ce fut aussi la dernière messe sur l'*Étoile*. Cette nef des pèlerinages, cette pèlerine de vingt ans, ne devait plus voir le Maître à son bord. Ses jours étaient comptés, et nous ne nous en doutions pas.

Notre pauvre *Étoile* avait beaucoup fatigué pendant cette dernière traversée. On surprit plusieurs fois M. l'armateur consultant avec anxiété les pulsations de la vieille machine, qui étaient inquiétantes comme les battements d'un vieux cœur usé par de longs et loyaux services. Mais on se plaisait à espérer que quelques réparations lui redonneraient une nouvelle vigueur. Il n'en était rien et c'était bien fini. On n'osait pourtant pas se l'avouer, et, en quittant le bord, on saluait d'un « au revoir » ému le vieux bateau qui nous avait procuré de si douces, de si salutaires émotions, où on avait souffert sans doute, mais où on avait passé aussi des jours si agréables et si sanctifiants.

C'était, au contraire, un adieu définitif. Nous ne reverrons plus notre chère *Etoile*. Huit jours à peine après le débarquement, on apprenait avec stupéfaction qu'elle était vendue; sa carrière était finie, on allait la dépecer morceau par morceau; il n'en resterait rien, sauf sa cloche argentine, la cloche de Navarin qui avait sonné la fameuse bataille des flottes alliées contre les Turcs, et qui lui avait été offerte à Patras pour sonner les croisades pacifiques des pèlerins allant deux fois par an au tombeau du Christ. Pauvre *Etoile!* Elle était livrée à la démolition comme un vieux coursier à l'équarrissage, et, pour compléter la ressemblance, les Italiens, qui s'emparèrent d'elle, la traînèrent à Gênes, à la remorque, comme on emmène le cheval condamné dans un tombereau. On la vit quitter le port de Marseille dans ce triste équipage, et d'anciens pèlerins, témoins de ce convoi funèbre, en avaient les larmes aux yeux. Elle ne paraîtra plus triomphante, courant les mers, sautant vive et alerte pardessus les flots irrités, comme une cavale fougueuse franchit d'un bond les haies et les fossés.

Adieu, chère *Etoile!* Tu es morte au champ d'honneur, il était juste que tu finisses ainsi. Croisée du Christ, après avoir promené si glorieusement sur les mers la croix du Sauveur; après avoir jeté pendant vingt ans sur les rivages de Palestine l'armée des pèlerins de la Pénitence; après avoir, véritable Sœur de Charité, soigné et rapatrié les soldats français de Chine et de Madagascar, blessés pour la patrie; après avoir été l'instrument de tant de prières, de tant de ferveur, de tant de conversions, de tant de suffrages pour les âmes du purgatoire, de tant de grâces; après avoir été la nef du Salut; après avoir porté à ton bord le Maître qui commande aux vents et à la mer, tu ne pouvais décemment servir à d'autres usages. Tu t'es ensevelie dans ta gloire, tu as disparu en beauté. C'était digne de toi. Songe seulement que tu laisses, par ta mort, l'œuvre des Pèlerinages dans un cruel embarras, et tâche — si tes mânes peuvent quelque chose — d'obtenir qu'un autre bateau te remplace et puisse continuer tes précieux services!....

Bibliographie du XLVIe Pèlerinage de Pénitence. — Nous signalons ici :

La Croix, 3, 12 et 28 septembre 1913. Lettres de V. B. sur la traversée, la Grèce, Constantinople et la Terre Sainte (traversée de la Samarie).

Semaine religieuse de Verdun, 13 septembre, 4, 11 et 25 octobre 1913. Lettres de M. l'abbé Lombard, vicaire à Saint-Michel de Saint-Mihiel. Compte rendu du pèlerinage.

5854-14. — Imprimerie P. Feron-Vrau, 3 et 5, rue Bayard, Paris, VIIIe.

www.ingramcontent.com/pod-product-compliance
Lightning Source LLC
LaVergne TN
LVHW020034170826
845678LV00001B/239

* 9 7 8 2 3 2 9 7 3 1 1 8 6 *